Sur une idée de Thierry do Espirito et Marc Traverson

Retrouvez nos prochaines parutions, les ouvrages du catalogue et les événements à ne pas rater. Votre avis nous intéresse : dialoguez avec nos auteurs et nos éditeurs. Tout cela et plus encore sur Internet à :

http://blog.editionsleduc.com

Maquette : Sébastienne Ocampo

17, rue du Regard
75006 Paris – France
E-mail : info@editionsleduc.com
ISBN : 978-2-84899-481-9

THIERRY DO ESPIRITO

DÉVELOPPEZ VOTRE MARQUE PERSONNELLE

BUSINESS

LEDUC.S ÉDITIONS

SOMMAIRE

DÉVELOPPER SA MARQUE PERSONNELLE

Vous avez l'ambition de vous réaliser, dans toutes les dimensions, privées comme professionnelles. Vous voulez qu'on puisse vous repérer facilement dans la masse d'individus et d'informations qui vous environnent. Vous souhaitez mettre en avant votre personnalité, vos talents, vos expertises, votre savoir-faire, vos différences ; en un mot, tout ce qui vous rend unique aux yeux des autres.

La « marque personnelle », c'est la synthèse visible de toutes ces aspirations, pour communiquer efficacement sur soi et sur son projet de vie. Pour cela, vous devez savoir ce que vous êtes réellement maintenant et ce que vous voulez devenir demain. Cela implique de laisser parler ses rêves, ses envies, ses émotions, de faire émerger peu à peu son projet. Il faut aussi s'affranchir des limites qu'on se fixe – ou qu'on nous fixe – habituellement…

Cela suppose aussi de mieux se connaître, de développer la confiance en soi, d'accepter de se montrer et de se mettre en avant en images, en mots et en actions…

Vous irez ensuite plus aisément à la rencontre des réseaux, réels ou virtuels, qui vont donner l'écho qui convient à votre singularité. Vous apprivoiserez facilement les outils qui aident à manager de façon autonome sa réputation, sa notoriété, son image : blogs, réseaux sociaux, sites de partage, etc.

Les clés de cette démarche seront la franchise, qui conduit à assumer l'ensemble des facettes de sa personnalité, et la détermination, qui aidera à éviter les obstacles rencontrés sur la route. Mais vous aurez avec vous des atouts qui font la différence : l'intuition, l'écoute active, la confiance envers les autres…

Ce livre est un alliage subtil de techniques de développement personnel et d'outils de communication adaptés à l'individu. Il invite à la prise de conscience, au changement, au passage à l'action.

Thierry do Espirito

AVANT DE RENTRER DANS LE VIF DU SUJET : QUELQUES DÉFINITIONS

Marque personnelle, marketing personnel, *personal branding*… les termes foisonnent et recouvrent des définitions parfois différentes, confuses ou contradictoires. Essayons de recentrer tout cela autour de quelques notions simples.

Dans « marque personnelle », il y a d'abord l'idée de marketing. Parler de soi comme d'une marque, c'est tenter d'appliquer à soi-même et à son projet professionnel les techniques de marketing et de communication qu'on applique d'ordinaire aux produits et aux services. Cela ne veut pas dire qu'on va vendre un homme ou une femme comme un paquet de lessive ou un téléphone portable. Au contraire : on va s'efforcer de se différencier des autres. Bien sûr, nous avons des choses en commun avec autrui (notre âge, notre genre, notre formation, par exemple). Mais nous disposons d'un bagage qui nous est unique : notre expérience, notre personnalité, nos goûts, nos passions, nos envies… Et surtout, ce que nous voulons faire.

Ce sont ces différences, ces aspérités sur lesquelles il va falloir bien communiquer.

Mais les techniques de communication et de marketing ne peuvent pas tout. Il faut un vrai contenu, être clair sur son identité, sur la vision qu'on a de soi, de son projet, de son évolution. Sauf si on a déjà mené ce travail, il est important de bien se connaître : c'est le socle indispensable pour communiquer efficacement sur soi, dans la vie courante et via Internet. La franchise et l'honnêteté sont de mise. Il y aura toujours des cas particuliers (démarche artistique, nécessité de protection de son anonymat…) qui commandent de masquer tout ou partie de son identité. Mais globalement, la connaissance de soi mènera à une démarche ouverte pour porter son identité, dans sa diversité, à la connaissance des autres. Cela implique d'éviter les avatars, les personnages fictifs, d'une façon générale une certaine forme de schizophrénie. Et cela n'empêche pas de préserver une sphère privée, voire intime, que chacun aura définie selon ses propres critères.

Dans « marque personnelle », il y a aussi la notion de notoriété et de réputation. Cela renvoie à deux idées très simples : combien de gens nous connaissent et que pense-t-on de nous ? Travailler sur sa marque personnelle conduira à se donner des objectifs dans ce domaine : accroître ses réseaux pour développer sa notoriété, par exemple, ou publier des éléments complémentaires pour que son image soit conforme à celle qu'on veut donner, comme nous le montrerons plus loin dans cet ouvrage.

Dans « marque personnelle », il y a enfin une connotation sociale : il faut entretenir des relations, sous différentes formes. Dans la vie courante, on rencontre des gens, on discute, on échange, on donne, on évalue, on soutient, on aide, etc. Cette notion trouve son horizon démultiplié grâce à Internet. Il est possible d'entrer en contact, de maintenir et de développer des relations sur une échelle bien plus importante, et selon des codes et des outils plus aisés à maîtriser que dans la vie dite réelle.

Le relationnel est la clé de toute démarche de marketing personnel. Nous avons une marge de progression importante dans ce domaine. Pour lever nos propres limites, pour oser se montrer, s'afficher, entrer en relation avec des personnes qu'on ne connaît pas, a priori. L'obstacle n'est pas que personnel (oserai-je le faire ?) : il est aussi technique (comme faut-il faire ?). Encore une fois, tout cela dépend de son projet, ce qu'on veut faire, où on veut aller. On se rend compte alors que le relationnel est une clé indispensable, et il est d'autant plus facile de l'améliorer au service d'un but.

Enfin, la marque personnelle dans tous ses aspects trouve des territoires inédits grâce à l'Internet. Il est possible de communiquer sur une plus grande échelle. Il existe des outils nouveaux qu'on ne trouve pas dans la vie réelle. Avec Internet, les relations peuvent être démultipliées, enrichies, mises à jour, en utilisant des moyens innovants et faciles à mettre en pratique. Et l'essentiel des recherches sur les personnes ou les entreprises passe désormais par Internet. Il est donc indispensable d'être présent, d'être visible, d'être compréhensible via Internet. Les rencontres dans la vie courante s'en trouveront facilitées, et il est aisé également de garder le contact d'une rencontre à l'autre, comme si la conversation et l'échange pouvaient se poursuivre à distance, virtuellement, au service de l'entretien de la relation.

Levons un dernier préalable qui peut être bloquant : la technique n'est rien. Elle n'offre que des outils au service d'une volonté, et non l'inverse. Il est important de garder le contrôle, la distance nécessaire, et de savoir que la plupart des outils peuvent être pris en main avec très peu d'explications. Certains ont un jour utilisé un ordinateur, un téléphone portable, un iPad, alors qu'ils n'en avaient pas auparavant. Les enfants naissent avec, désormais. Et tout le monde a appris à s'en servir. Il en est de même pour les applications et les pratiques Internet. Nous pouvons monter dans le train Internet sans repasser par les étapes précédentes, donc sans être obligés de comprendre le passé, mais en étant résolument tournés vers le futur, vers notre propre projet.

ÉTAPE 1
VIVRE SA VIE

Se réaliser

La réalisation de soi se profile derrière l'horizon de son projet. L'idée est de mettre son énergie, ses actions en harmonie et au service des aspirations de son être profond. Vous donnez ainsi à votre vie personnelle et professionnelle des objectifs auxquels vous croyez profondément, des enjeux qui vous motivent, car ils vous permettent de vous réaliser.

Nous ne sommes pas égaux devant cette perspective. Les hommes et les femmes possèdent, dit-on, une vision bien différente de la réalisation de soi. En forçant un peu le trait, pour un homme, ce serait laisser une trace derrière soi : un enfant, un arbre, un livre, selon le proverbe connu. Pour une femme, ce serait donner naissance à un enfant. Quantité d'anecdotes montrent pourtant des parcours fort différents face à ce qui ressemble bel et bien à des clichés. Pour prendre un seul exemple, Simone de Beauvoir a fait le choix de ne pas avoir d'enfant pour se consacrer entièrement à son œuvre.

Que signifie se réaliser ?

Quand on pose la question autour de soi, voici quelques réponses entendues :
- avoir sa maison ou son appartement à soi ;
- devenir indépendant ;

– voyager ;
– mettre sa famille à l'abri du besoin ;
– avoir un travail intéressant ;
– commander ;
– vivre selon ses envies ;
– écrire ;
– se sentir libre ;
– fonder un foyer ;
– faire rire les autres ;
– élever/adopter un enfant ;
– aider les gens ;
– voler (dans les airs…) ;
– changer la vie des autres ;
– faire le bonheur de sa famille ;
– rencontrer Dieu ;
– sortir des sentiers battus.

Et pour vous, sans réfléchir, la réponse, c'est : ....
....

S'appuyer sur ses potentialités

La réalisation de soi est une notion très relative, très personnelle. Donc, c'est une notion qui se discute. Laisser une trace ? Peut-on vivre pour une simple épitaphe ? Et si cette trace nous paraît insuffisante, malgré tous nos efforts ? Ou si elle ne correspondait pas à celle qu'on souhaitait ? Ajoutons-y l'idée de temporalité : ce qui est vrai aujourd'hui ne le sera plus dans quelques années. Faire un enfant ? Et après, quand le nid sera vide ?

Cela nous renvoie aussi à nos potentialités, autrement dit à ce qui existe en nous et qui n'attend qu'une situation et des circonstances favorables pour devenir réalité. Si nous les avons déjà explorées, elles ne sont pas perdues, loin de là. Il suffit de les retrouver, en soi, pour qu'elles s'expriment à nouveau dans de nouvelles situations, de nouvelles circonstances. Si, en revanche, nous ne les connaissons pas, il faut partir à leur découverte pour éclairer et étayer nos choix d'aujourd'hui.

Identifier ses moments clés

Une phase d'introspection est donc nécessaire pour retrouver ces potentialités. Cette femme se souvient qu'elle a quitté ses parents à quinze ans ? Elle sait faire preuve d'esprit de décision. Cela peut lui être utile dans le contexte actuel où elle se cherche et où elle doit choisir, donc renoncer. Cet homme se rappelle qu'il a travaillé dur, longtemps. Fortune faite, il se dit qu'il est passé à côté de multiples expériences. Il va pouvoir les vivre avec une vision neuve, sans inhibition, sans timidité. Et porter enfin un regard enfantin sur son monde d'adulte.

Cherchez ces moments qui ont compté dans votre vie. En les trouvant ou en les retrouvant, vous allez en quelque sorte naître ou renaître, trouver ou retrouver des sensations qui vous plaisent et prendre ainsi de nouveaux chemins vers la réalisation de soi, où elles vous accompagneront. Efforcez-vous toutefois de mettre à distance la contrainte sociale, qui limite toujours et encombre le chemin de cette renaissance. La naissance est un commencement. Elle modifie forcément l'environnement qui vous entoure. De la même façon, on ne peut recommencer sans rien changer, sous peine de ne pouvoir renaître.

Devenir acteur/actrice

Quand on se sent comme englué et que toutes les solutions pour s'en sortir sont impossibles, comment peut-on à nouveau reprendre son destin en main ? Voici d'abord quelques témoignages de situations vécues dans l'environnement professionnel. Les prénoms ont été changés.

Sarah

« Je suis infirmière. J'adore m'occuper des gens. Je ne suis pas fatiguée. Mais je me sens un peu seule au travail, à la fois libre de faire ce que je veux et en même temps coincée par des responsabilités et une hiérarchie invisible mais très présente. Et puis la vie de couple n'est pas facile quand on bosse tous les deux en horaires décalés. Je ne vois pas le bout de tout ça. J'aimerais que ça change, mais je ne sais pas quoi faire pour cela. »

Nicolas

« Je suis directeur des achats. Ça me plaisait bien au début, j'étais fier quand j'ai été nommé à ce poste. Maintenant, je me sens coincé. On me dit que je suis indispensable. On m'en demande toujours plus et le salaire ne suit pas. J'ai la tête sous l'eau en permanence, je n'ai même pas le temps de chercher un autre job. Je ne suis pas sûr de pouvoir accepter n'importe quoi. Au fond, je ne suis pas si mal ici, quand je compare avec les autres. »

Salima

« Je suis étudiante. J'ai fait cinq années d'études de médecine, pour faire plaisir à mon père qui aurait bien voulu avoir une fille médecin. J'ai travaillé dur au début, mais j'ai abandonné en cours de route. J'avais du mal à me motiver et je ne me voyais pas rester à vie dans un hôpital ou dans un cabinet. J'ai toujours rêvé d'être archéologue, d'aller sur le terrain de fouilles à l'autre bout du monde. Il faudrait faire encore trois ans d'études. Je me dis que je vais échouer comme j'ai raté médecine… »

Hélène

« On m'a licenciée au moment où je m'y attendais le moins, il y a deux ans. J'ai eu beaucoup de mal à m'en remettre. Maintenant, ça va un peu mieux, et je cherche vraiment un nouveau job. Avant, j'étais autonome, je planifiais mes journées comme je voulais. Je ne veux pas me retrouver avec un chef sur le dos, a fortiori trois ou quatre. Et si je peux faire des sacrifices, je ne veux pas non plus accepter n'importe quel salaire. »

Frédéric

« Je suis au chômage depuis un an. J'aimerais bien retrouver un emploi de comptable. Mais c'est la crise. Il n'y a pratiquement pas d'offres. J'ai fait des stages, des tests dans tous les sens. Mais il faut aussi avoir un bon réseau, rencontrer des gens susceptibles de me donner des contacts. Et ça, je ne me vois pas aller taper aux portes pour demander du travail. »

Marine

« Je suis journaliste free-lance. Ça fait huit ans que je suis indépendante, après plusieurs postes dans des groupes de presse. Je choisis mes sujets, et j'essaie ensuite de les vendre. Ce qui me manque, c'est un retour sur mon travail. On me prend mes textes, et je ne sais pas ce qu'ils deviennent, si les lecteurs sont contents. J'ai quelques vagues réactions, de temps en temps, si je les sollicite. Mais rien de très concret. Je suis dans le brouillard. J'aimerais me retrouver dans une équipe, avoir un manager. Mais j'ai aussi pris goût à mon indépendance et je ne supporterais pas ça facilement. »

Jean-Marc

« Je travaille dans une boîte de production audiovisuelle depuis douze ans. J'ai des contacts à haut niveau dans les chaînes de télé. Je gagne bien ma vie avec mon salaire et mes primes, et les avantages de mon poste… Depuis deux ans, ça s'est un peu dégradé. Une autre personne s'est glissée entre moi et mon supérieur direct. Je voudrais bien faire reconnaître tout ce que je fais en plus de mon travail de base. Je n'ai pas été augmenté depuis deux ans. Je pense souvent à partir, mais pour aller où ? Le monde est petit. Et si c'est pour faire la même chose ailleurs… »

La souffrance qui transparaît dans ces propos vient d'un déséquilibre : travailler sans se sentir payé en retour. Étudier sans savoir pourquoi. Dépendre d'une entreprise sans qu'elle dépende de soi… Subir rime avec souffrir. Cette situation est sans issue tant qu'on ne fait pas un geste pour en sortir. La solution consisterait à fuir cette situation (mais pour aller où ?) ou bien se battre pour changer les choses là où l'on est (mais comment ?). Alors, on ne tente plus rien. La passivité se traduit par le *statu quo*, qui engendre un stress permanent. Comment m'en sortir ?

Remettre les choses à l'endroit

Vous savez ce que vous ne voulez pas, ce que vous ne voulez plus. Vous devez maintenant énoncer ce que vous voulez, ce qui vous plaît, ce que vous aimez vraiment, dans votre travail, dans la vie de tous les jours. Plutôt que de subir, vous vous posez alors en acteur/actrice de votre destin.

Prendre du recul pour comprendre ce qui se passe

Pour bouger les pièces de cette construction bloquée, prenez un peu de recul et identifiez d'abord ce qui correspond à ce que vous aimez le plus. Concentrez-vous ensuite sur ce qui correspond à ce que vous ne voulez plus faire.

Choisir une seule chose à bouger

Vous décidez de bouger une seule pièce importante (une situation, une responsabilité, une tâche...) dans tout ce qui se passe dans votre quotidien professionnel. Cette pièce qui bouge va entraîner les autres. Ce sera la première étape de la reconstruction de votre projet.

Changer maintenant

Tout s'éclaire ! Vous êtes sous la douche, dans le bus, au restaurant… ou à demi sommeillant. Et l'idée jaillit. Mais oui, c'est ça, il faut changer. Et changer vraiment. Changer quoi ? Tout ça. Votre vie, votre job, vos activités, vos projets. Maintenant ! Sans attendre. Étonné par votre audace, mais conforté par votre sagacité, vous marchez d'un bon pas. Le premier acte ne va pas tarder. Ils vont voir.

Jusqu'ici, vous pensiez que le changement était une sorte de continuation de l'ordre établi sous d'autres formes. Si tout bougeait autour de vous, vous utilisiez une partie de votre temps et de votre énergie à vous assurer que rien ne bougeait de façon incontrôlée. Changer pour que rien ne change, pour que tout reste comme vous le souhaitiez. Vos gestes, vos attitudes, vos actes allaient dans le même sens : maintenir l'équilibre envers et contre tout. Passer d'un univers à l'autre, d'un temps à l'autre, et s'assurer que ce qui compte reste sous votre contrôle, dans un cocon rassurant.

Mais voilà. Cela ne suffisait pas, vous n'étiez pas à l'aise, vous étiez en risque. Une certaine langueur, des pensées circulaires envahissaient votre tête. Voire des déprimes plus ou moins assumées. Légère ou profonde, cette souffrance a eu quelque vertu : elle vous a fait réfléchir. La douleur du manque, de la séparation, du rêve inassouvi : toutes forment comme un terreau créateur. Ravalée au rang de maladie, de *fatum*, cette douleur est presque inguérissable. Sublimée, elle a conduit nos semblables à imaginer en sortir. Van Gogh a laissé derrière lui une œuvre marquée au sceau de la tristesse. Mais quelle œuvre !

Cette souffrance a un objet, une origine : des soucis, des difficultés, des problèmes. Leur ampleur nous fait souvent reculer. Pourtant, ils sont souvent plus simples à résoudre qu'on ne le croit. Question de point de vue : vouloir voir les choses en grand nous empêche de distinguer les limites. « Mon chef ne comprend rien », « le client ne sait pas ce qu'il veut », « l'ambiance est détestable », « il n'y a aucun projet à long terme ». C'est bien général et ça l'est trop. Question de fierté aussi : il est difficile d'admettre que des broutilles puissent nous gêner à ce point. Pourtant, en entrant dans le détail, concrètement, pratiquement, les pions à déplacer sautent aux yeux et la partie peut changer de cours.

Et puis il faut se méfier des logiques implacables qui seraient à l'œuvre. Est-ce la poule qui a fait l'œuf ou l'inverse ? Les deux explications fonctionnent, après tout. Alors pourquoi n'en retenir qu'une ? Il faut aussi écarter définitivement les scénarios catastrophes. « On ne me laissera jamais faire ça », « je préfère ne pas y penser », « faut pas rêver… ». Oui, mais si on décidait d'agir quand même, parce que c'est ça qui nous paraît le plus important, comment ferait-on pour que ça réussisse ? Déjà les solutions se profilent…

Alors oui, ce matin, vous vous êtes résolu à changer. Changer pour redevenir l'être qui vous ressemble le plus, voilà votre ligne de conduite. Vous avez décidé de changer maintenant. Les autres ne le voient pas ? Qu'importe. Ils ne vous croient pas ? Vous connaissent-ils vraiment ? Auriez-vous donc déjà changé à ce point ?

Oser parler de soi

À un moment ou à un autre, vous aurez besoin de parler de vous, et vous devrez oser vous mettre en avant. Mais une timidité travestie en modestie confite, une angoisse maladive, un manque de charisme ou une assurance défaillante vous commandent d'éviter de vous retrouver sur le devant de la scène. La timidité ou la modestie sont parfois le signe d'un ego qu'il ne faudrait pas pousser beaucoup pour s'affirmer haut et fort, jusqu'à l'arrogance. Dans d'autres cas, c'est une certaine éducation qui s'en est mêlée, ne reconnaissant pas, voire bridant vos aspirations d'enfant à se mettre en valeur aux yeux des adultes. Ces réticences viennent de loin : il ne suffira pas qu'on vous pousse dans le dos pour que vous montiez sans crainte les marches vers le rond de lumière environné par mille paires d'yeux, même virtuels. Mais en énonçant ces réticences, vous ébauchez aussi des solutions. Oser devient plus simple, car plus objectif.

« Parler de moi ? Mais pour dire quoi ? » Cette simple phrase indique d'emblée qu'on va tenter de se dissimuler derrière son projet, son chef, son entreprise, son statut, son expertise. Les autres ont pourtant besoin de vous connaître. Il est facile de céder à cette demande somme toute compréhensible. C'est humain : nous-mêmes, nous cherchons à savoir qui sont ces femmes et ces hommes, derrière les visages de nos relations courantes. Cela ne doit pas être perçu comme malveillant ou intrusif.

« Parler de moi ? Mais jusqu'où ? » Allez-vous devoir céder une part de votre intimité ? Nullement : vous tracez cette frontière en la faisant passer là où vous voulez. C'est d'ailleurs une excellente prise de position qui va dans le sens de ma marque personnelle.

« Parler de moi ? Mais pourquoi moi ? » La singularité, justement, la voilà. Composante essentielle de la marque personnelle, elle y trouvera matière à s'exprimer. Le discours sur soi offre une excellente occasion de se différencier, de préciser ses contours, d'afficher ses différences et ses aspérités.

« Parler de moi ? Mais les autres en parlent mieux que moi. » Oui, mais le font-ils bien ? Si c'est le cas, laissons aux autres le soin d'ébaucher votre portrait collectif, chacun donnant sa pierre à cet édifice collaboratif. Ou bien reprenez ce qui est dit sur vous sous forme de citations, avec vos commentaires.

Se prêter à l'exercice de façon naturelle, franche, simple, précise

Vous y aurez donc réfléchi au préalable. Vous savez ce que vous allez dire si vous devez vous présenter, afin de ne pas être pris de court et de vous y prêter avec aisance.

Faire la part des choses entre son personnage public et son personnage privé

Affirmer sa singularité, ce qui fait de vous un être différent

S'appuyer sur sa perception et celle des autres

Autant d'éléments sur lesquels vous pouvez agir, directement ou indirectement.

Jouer pour bouger

Sans imagination, la réalité n'a aucune chance (paraphrase d'une citation de Romain Gary). C'est la formule par excellence de l'enfance. Une gorgée de jus de pomme, des mains tachées de chocolat, et la pièce peut commencer : « On joue à quoi ? » Des saynètes charmantes s'enchaînent aussitôt, qu'on observe furtivement du coin de l'œil. « À la marchande. Alors, on serait dans un magasin… » « Au vétérinaire. Bonjour, Monsieur. Je viens parce que mon chien… » « À la DS. Aux Pokemon et on se connecte… »

Devenus grands, ces ex-enfants considèrent ces moments en affectant la distance mesurée des âmes raisonnables. Parfois, l'envie les tenaille de se mêler à ces jeux puérils, mais si attachants, tellement porteurs de sens pour la construction de la personnalité. Créatifs, aussi, pour leur puissance imaginaire. On ferme les yeux, et nous voilà courant avec Hermione, combattant des mutants, harnachant une monture de princesse de conte de fées, bâtissant une ville pour des personnages au langage curieux. Sans scrupule et sans inhibition.

Les adultes sont sérieux. Ils ne jouent plus, ils vivent des histoires de grands. Adieu la marchande, on fait ses courses sur Internet. Le vétérinaire n'ouvre pas sa porte aussi facilement : il ne prend pas de rendez-vous avant au moins deux mois. Et si le prince et la princesse se sont bien mariés, ils n'ont eu que deux enfants. Ils ne jouent plus ? Vraiment ? Sur les téléphones portables, *FarmVille*, *Angry Birds* ou un bon vieux *Solitaire* aident à tuer le temps dans le train, à l'aéroport… ou en réunion. Les adeptes de Facebook téléchargent et échangent des applications gamines qui ne déplairaient pas à leurs chères petites têtes brunes ou blondes. Dans les séminaires ou les conventions, rien de tel qu'un petit jeu ou une histoire drôle pour briser la glace. Bref, ils jouent encore, mais surtout, que ça ne se voit pas. Ils ont tort.

Car un beau jour, le sérieux, le méthodique, l'organisé se cassent les dents sur la dure réalité. Et les grands se sentent désarmés. À quoi bon s'efforcer d'améliorer un relationnel si l'on stagne sur un seul registre ? Comment imaginer l'avenir, l'ailleurs, l'autrement, le nouveau, sans retrouver ses yeux d'enfant ? Comment passer à l'action si on n'entre pas dans la peau du personnage réalisant cette action, *pour de faux* ?

Et puis le ludique ne se rencontre pas seulement encadré dans un thème ou dans une règle du jeu. Prendre la vie comme un jeu aide parfois à la dédramatiser. Est-ce si grave de s'être fait rabrouer, d'avoir perdu un marché, de rater une compétition ? Est-ce un drame de devoir renoncer à une relation ? On a joué, on a perdu. On gagnera la prochaine fois. C'est ce qu'on dit aux enfants, d'ordinaire, pour atténuer une petite frustration. Et ils nous croient.

Agir pour le plaisir

Le plaisir est un excellent guide. Pourquoi s'en priver ? Nous connaissons et nous accueillons cette sensation agréable. Nous la recherchons en permanence, car elle nous donne de bonnes raisons d'agir. Satisfaction, frisson, émotion, amour : laisser le plaisir intellectuel, affectif ou physique éclairer ses choix de vie. Cette douce violence nous fait gagner en clairvoyance. Écouter son bon plaisir nous conduit à voir mieux et plus loin : nous faisons tout pour que résonne et se prolonge notre voix intérieure.

Votre marque personnelle fonctionnera mieux avec ce moteur. Le plaisir que vous avez à travailler, à agir, à écouter vos passions, irradie votre être et donne aux autres l'envie de le partager. Vous pouvez l'identifier, savoir de quoi il est fait, le mettre au cœur de vos actions. Vous adorez découvrir des gens nouveaux ? Ce plaisir sera l'essence de votre job, fait de multiples rencontres. Vous détestez les situations ambiguës, les rôles mal définis, les tâches incertaines ? Vous ferez tout pour les fuir et pour en débarrasser votre quotidien professionnel. Vous aimez par-dessus tout l'autonomie, l'indépendance ? Vous avez l'embarras du choix pour mettre ce précepte en application : serez-vous free-lance, profession libérale, chef de petite entreprise… ?

On a coutume de vous conseiller de faire le tri entre ce que vous savez faire et ce que vous ne savez pas faire. De vous concentrer sur le premier terme et d'évacuer autant que possible le second pour gagner en efficacité. Ajoutez-y le plaisir : ce que vous aimez faire et ce que vous n'aimez pas faire. Une dimension de plus, une valeur ajoutée énorme, qui vous permet de sélectionner, dans une alternative, la solution qui vous offrira le plus de plaisir, une fois que les éléments concrets, matériels, auront montré leurs limites quand il s'agit d'éclairer vos décisions. Avancer, décider : le plaisir à la fois comme moteur de la vie et facteur de choix…

ÉTAPE 2
LAISSER PARLER SES ENVIES

Rêver, c'est vital

Le rêve est dans nos vies. Pas besoin de sommeil ou de repos à demi éveillé : il sait se tenir dans les replis de nos actes. Il chuchote encore et encore cette belle histoire qui nous tient en haleine chaque fois qu'il la reprend. Nous aimerions faire, nous voudrions vivre quelque chose qui n'est pas encore réalisé : lui sait trouver les mots et tisser la trame du récit cent fois recommencé. Parfois, il nous fait signe de l'œil ou nous appelle de la main.

Fermons les yeux : il est là qui nous parle, avec sa voix douce et rassurante. S'il se fait hallucination, le rêve nous terrifie ou nous pétrifie. Simple représentation sans objet ou posture mélancolique, il nous sert à oublier notre quotidien. C'est bien, mais c'est peu, car son pouvoir est plus grand : il peut aussi nous transcender. Vision, il étire la dimension de nos actes les plus banals. Source d'inspiration, il coule comme un fleuve et débouche sur une mer plus féconde.

Nous avons alors le choix : mettre des pierres les unes sur les autres ou bâtir des cathédrales. Si nous voulons donner un sens à notre vie, autant qu'il soit à la mesure de nos rêves, et qu'ils soient les plus fous. Nos rêves sont inatteignables. Mais ils nous poussent à nous surpasser. Même si nous ne réalisons que de petites choses au quotidien, nous ne rêvons pas en petit et en gris. Notre marque personnelle, nous la rêvons comme notre vie : en grand et en couleurs.

« Moi, mon rêve… » n'est plus la limite physique de l'univers de nos ambitions. Ce sont les trois premiers mots d'une belle histoire à écrire.

Donner vie à ses idées

Rêves, envies, projets... Ils existent dans vos pensées. Mais dans votre tête, ils tournent en rond. Pour qu'ils respirent le grand air, vous devez les traduire en mots, en dessins, en couleurs, en chiffres, en images... Vous leur donnez ainsi le corps et la substance dont ils ont besoin pour entrer dans la réalité.

Visualiser ses idées

Comment faire ? Rien de plus simple. Prenez un bout de papier, des Post-it, des fiches, des enveloppes... Ou bien placez vos doigts sur le clavier de votre ordinateur, une main sur la souris... Écrivez des mots clés, des phrases fortes, des chiffres qui expriment ce que vous avez dans la tête... Esquissez, tapez, effacez, gribouillez, collez, décollez, rassemblez... Prenez un peu de recul, laissez mûrir, revenez-y...

Puis les mots, les signes, les dessins cessent de danser, ils apparaissent en pleine lumière. C'est de l'or qui brille sous vos yeux. Vos espoirs, vos rêves sont nés, ils sont devenus des ébauches de projets qui flottent là, devant vous. Vous pouvez commencer à vous poser les bonnes questions : combien ça coûte, de quoi vous avez besoin, combien de temps cela prend-il, quelles sont les étapes... Mais vous avez déjà fait l'essentiel. Représenter ce qu'on a en tête, c'est faire le premier pas dans le sens du passage à l'action.

Répondons maintenant à la question qui vient juste derrière la visualisation : « Qu'est-ce qui m'empêche d'écouter mon désir ? » Votre désordre intérieur y trouve mille et une raisons, d'emblée, pour interposer autant de barrières. Mais le désir de se réaliser, peu à peu esquissé, les fait tomber les unes après les autres. Sans multiplier cette opération à l'infini, vous allez tester ce désir, même si vous en restez au stade des simples réflexions.

Confronter ses idées

La discussion, l'échange sont des moyens idéaux. Comme dans ce dialogue, entendu à la terrasse d'un café :

« Je voudrais bien partir.
– Eh bien, pars !
– Mais, mon ami(e), ma famille, mes enfants ?
– Ils te suivront.
– Ils vont m'en vouloir…
– Au début, oui. Puis ils comprendront. Ensuite, ils seront conquis. Puis ils y trouveront leur compte.
– Mon travail ?
– Justement, c'est bien pour cela que tu pars. Pour en trouver un autre, ailleurs.
– Je ne sais rien faire d'autre.

– Tu te trompes et tu le sais bien. Et puis, plus fort que tout, tu sais ce que tu veux.
– Je prends des risques…
– Tu en prends plus en restant…
– Ce n'est pas le bon moment…
– Ce n'est JAMAIS le bon moment.
– Tu crois vraiment que ça peut marcher ?
– Tu le sais mieux que moi, c'est ton idée, et c'est la meilleure que tu aies eue… »

Reconnaître son désir

Vous pouvez aussi inscrire noir sur blanc ce désir (dans votre bureau, sur votre téléphone, sur votre profil…). Peu importe le moyen, il faut le signifier, afin de lui faire rencontrer le réel : les réactions d'autrui, votre propre relecture, la confrontation aux autres désirs… Cette étape permet d'accepter la part de désordre qu'engendre le désir, tout en captant son énergie vitale. Le désir d'être transforme vos actions quotidiennes, banales, éparpillées, en pulsations positives au service de votre but. Vous reconnaissez alors sa valeur : procurer du bonheur sans le compromettre.

Parler à des inconnus

Votre famille, vos amis proches, tous souhaitent vous garder comme vous êtes. Ils vous écoutent, vous conseillent, vous épaulent. Mais si vous leur dites que vous avez des projets, que vous voulez changer, ils s'inquiètent. Ils ont peur de vous perdre, de devoir bousculer leur quotidien. Parler de ses projets à ses proches est utile, mais pensez aussi à échanger avec des gens que vous ne connaissez pas. Moins concernés, leurs conseils et leurs questions, débarrassés de l'affectif et de l'angoisse, se révèlent souvent plus pertinents. Pour bien évaluer vos idées, vos envies, vos désirs, vous n'avez pas besoin d'avis ou de jugement : vous voulez juste qu'on vous écoute.

Aller plus loin, c'est mieux

Le sommet est là-bas, sublime, imposant. Un géant minéral coiffé d'un pic neigeux, vaste muraille de roches qu'il faudrait agripper, à pleines mains, sans faiblir. Frisson du danger, inquiétude de ne pas être prêt, angoisse de l'inconnu. Peur, aussi, de pas être à la hauteur du destin qui nous attend, si nous réussissons... L'espace d'un instant, le rêve a dansé sous nos yeux, et nous y avons cru.

Déjà la raison nous tire doucement en arrière. Voilà maintenant son cousin, le bon sens, qui nous montre du doigt un pic plus mesuré, plus convenable. Rallions des altitudes moins élevées, l'exploit réclamera moins d'effort. Ce sera une prouesse d'estime, une étape sur la route. Le succès complet viendra une autre fois. Nous nous serons rapprochés, empochant une petite victoire faisable et reléguant le sommet de nos songes vers d'autres nuits sans sommeil.

Nous sommes revenus de nos tentations, et les briseurs de rêves nous achèvent. « Quel orgueil ! Réalise le courant, le moyen, le quotidien : ce sera déjà beau. » Ils ont la phrase qui tue constamment à la bouche : « Il ne faut pas rêver. » Et elle fait souvent mouche. Face à l'âpreté de la tâche, nous pensons souvent nous en sortir en ramenant nos rêves à de plus justes proportions. Réduire ses ambitions en s'imaginant qu'elles seront plus facilement réalisables n'augure en rien leur réussite, ni une satisfaction proportionnée, une sorte de huitième, de quart ou de demi-satisfaction, face à un rêve plein et entier. Mises bout à bout, nos petites réalisations nous coûtent autant que les grandes et ne consomment pas moins d'énergie vitale, même quand nous faisons du surplace. En bridant nos rêves, nous tuons notre désir. Reprendre la main est possible, avec trois initiatives.

Ne pas brider ses ambitions

Laissez d'abord s'exprimer vos réelles ambitions. Écrites sans fard, énoncées sans remords, elles n'ont aucune raison d'être limitées. Comme pour le réglage d'un canon, viser plus haut vous fera tout simplement toucher plus loin, sans vous demander plus d'effort.

Voir les choses de plus haut

La deuxième initiative consistera à prendre un point de vue plus élevé, « aérien ». Considérons la situation d'en haut, comme si vous étiez en surplomb. De près, vous ne voyez que les limites les plus proches. Et vous tendez – à tort – toute votre énergie vers elles. De votre nouveau point de vue, vous saisissez du regard l'ensemble des limites, des frontières, des espaces, des routes et des chemins. Vous passez de vos limites personnelles aux limites de votre projet.

Visualiser le scénario

La troisième initiative sera de construire à l'avance sa course dans sa tête. Tel un coureur de 110 mètres haies qui répète mentalement ses pas et ses sauts avant de s'élancer, vous pouvez visualiser la première haie, l'avaler, reprendre vos foulées, passer à la suivante, puis la suivante... vers le but, vers la ligne. Le vrai scénario ne sera jamais aussi simple, vous devrez changer souvent de route, en inventer d'autres. Mais n'ayant jamais perdu de vue votre objectif, vous repartirez à chaque fois avec une énergie intacte.

Le rêve énoncé, la vue d'en haut et la construction préalable du scénario vous motivent, vous montrent les étapes et vous empêchent de céder au découragement quand les premières barrières sont franchies et que les autres apparaissent. Vous passez de la vision d'un simple champ clos aux grands espaces, où il faudra apprendre à se mouvoir. Pour prendre la dimension de vos rêves, vous devez vous aussi changer d'échelle.

Vivre ses passions

Appelons-le David. Grutier de son état, il habite dans les Landes. Son métier ? Piloter le bras de fer rotatif du chantier, qui hisse les charges au sommet et compose les structures. Sa passion ? La mer, les vagues, le vent, la vitesse, les rouleaux, les frissons… Tous les soirs, quittant son refuge des cimes, il rejoint le sable des plages toutes proches, avec leurs dunes mobiles battues et façonnées par les déferlantes aux liserés d'écume. Il a le grondement rythmé de l'océan comme référence sonore, et comme repères visuels la ligne d'horizon courbe, la direction des nuages ou l'orientation de la crête des vagues. Il ne pourrait vivre sans, mais il n'en vit pas pour autant. Au contraire : sa passion lui coûte, en temps, en matériel. Elle ne lui rapporte rien, hormis cette immense satisfaction lorsqu'il pose chaque soir, quand le temps le permet, sa planche de surf à plat sur l'élément liquide. Alors, dans la journée, il fait son métier avec application. Depuis sa cabine, tout là-haut, il n'est pas rare qu'il aperçoive l'océan…

Appelons-la Cécile. Infirmière par choix dans la région parisienne. Au plus profond d'elle-même, elle veut aider les gens. Dotée de capacités intellectuelles enviables, elle a pris le chemin d'une école d'infirmières, vers un diplôme plus facile à obtenir, mais surtout vers un métier plus attirant pour elle. Son univers est maintenant l'hôpital, ses couloirs, ses lits, sa lumière électrique verticale, ses odeurs âcres... Elle vit aux côtés des patients, reclus provisoires ou définitifs, dont elle est pour beaucoup le seul repère, le seul lien avec l'extérieur. Cette femme acariâtre s'apaise à son contact et retrouve des raisons d'aimer le genre humain grâce à cette jeune fille attentionnée qui prend soin d'elle sans céder à tous ses caprices, qui l'écoute sans se laisser berner par ses histoires cousues de fil blanc. Qui le ferait ? Ce vieil homme sans famille et sans amis meurt, solitaire, au petit matin, en la sentant à ses côtés. Il part vers son éternité avec son seul visage penché sur lui, dernière image maternelle et protectrice d'un monde qui l'a depuis longtemps oublié. Qui l'aurait fait ? Ses jours de repos sont courts, son sommeil haché. Déjà, elle doit repartir, prendre sa voiture, oublier les week-ends, faire une croix sur ses nuits... Il faut aimer ça, disent les gens. Justement, c'est le mot : elle aime ça.

Laisser la passion vous porter

Peu de choses sont capables de vous entraîner : amoureuse, professionnelle, intellectuelle, sportive, la passion vous emporte et vous transporte. Cette belle émotion est plus forte que vous : elle occupe sans partage votre esprit, elle vous conduit à céder à votre inclination sans pouvoir toujours maîtriser cette attirance.

La passion fait agir

La raison ou la volonté sont inefficaces. D'ailleurs, à quoi bon s'opposer ? Vouloir être, vouloir faire peut-il se concevoir sans passion ? La passion va de pair avec la réalisation de soi : si nous la vivons, elle comble notre existence. Plénitude, bonheur, satisfaction... Les promesses de la passion sont séduisantes. Elle donne la volonté de faire, procure le plaisir d'agir, pousse à créer, à inventer. Moteur de votre histoire, vos passions donnent de la profondeur à votre vécu. Vous faites ça pour ça, et vous vous y employez de toutes vos forces.

La passion rend différent

Vous vivez vos passions, et vous pouvez aussi vivre de vos passions, travailler pour assumer ces envies profondes ou fondre en une même activité cette quête attractive et ce qui permet de subvenir à vos besoins. Sportif, chef d'entreprise, écrivain, enseignant, commercial, musicien, développeur... Chaque métier embarque son lot de passionnés qui conjuguent au quotidien les raisons de vivre et les moyens pour vivre. Il suffit que la passion soit là, que vous l'ayez laissée fleurir sans la contrarier, s'épanouir en vous, vivre à vos côtés ou bien dans chacun de vos actes quotidiens, comme une référence, une boussole ou un aiguillon, pour que votre marque personnelle en bénéficie. Car elle vous rend différent et votre nature s'impose aux autres sans effort, comme une évidence.

ÉTAPE 3

SAVOIR QUI ON EST

Le fil d'or de votre marque

« Connais-toi toi-même et tu connaîtras les Dieux. » Partir à la recherche de son être profond fait progresser dans la quête de l'absolu. Le regard des autres ne doit pas vous en détourner. D'ailleurs, à leurs yeux, êtes-vous unique ou multiple ? Qui vous connaît vraiment et comment ?

- Vos proches, vos intimes.
- Vos parents, votre famille élargie.
- Votre environnement professionnel, vos relations, votre réseau, vos clients, votre public, vos fans…
- Vos amis, vos anciens copains et copines de classe.
- Vos voisins.

Mère ou père, fils ou fille, ami ou amie, collègue, condisciple, compagnon de route… À chaque fois, votre identité change, se dilue, se concentre et se recompose. On pourrait peindre des dizaines de portraits selon le point de vue où l'on se placerait pour vous voir. Et ces portraits évolueraient aussi avec le temps, les circonstances… Est-ce à dire que vous avez de multiples personnalités ? Que vous changez en permanence de masque ? Que vous mettez en avant ou que vous négligez certains aspects de votre personnalité, selon le milieu dans lequel vous êtes plongé ? Vous cloisonnez ou vous brassez ? Vous séparez ou vous partagez ?

Être à l'aise avec ses différentes facettes

Quelle que soit votre manière d'être, évitez de réduire votre identité à un seul aspect. Car figer les choses sur un versant unique serait sclérosant. Vous devez vous sentir libre, être à l'aise quand vous parlez de vous et de vos aspérités : communiquer sur sa marque personnelle, c'est chercher à influencer ses interlocuteurs pour les sensibiliser à telle ou telle facette de sa personnalité, sans jamais les leurrer sur nos intentions. Votre seule limite serait la cohérence entre vos actes et les valeurs auxquelles vous croyez. Mais on n'est jamais exempt de contradictions.

Le fil qui relie ces aspects, ces facettes, est le fil de votre marque personnelle. Fruit d'une action consciente, c'est un fil d'or qui tisse la trame de votre marque et qui l'enrichit. Vos différentes identités se laissent approcher et forment un ensemble qui attire l'œil, donne envie aux autres de vous connaître ou laisse à penser que vous n'êtes pas seulement celui ou celle que vous donnez à voir d'emblée.

Votre image vous motive

Êtes-vous digne de confiance à vos propres yeux ? L'estime de soi se base sur votre expérience personnelle : ce que vous avez réussi, comment vous avez géré vos échecs, les événements de la vie. Vous devez aussi compter avec les symboles de réussite ou de réalisation de soi (sportifs, chanteurs, entrepreneurs, humoristes…) qui déterminent des codes de confiance.

Et si vous avez plus confiance en vous, vous aurez une puissance d'affirmation et de conviction décuplée dans les situations professionnelles ou celles de la vie courante. À l'inverse, la méfiance envers soi-même, envers ses propres capacités ou celles des autres, anesthésie toute velléité d'action et ruine nos objectifs de réussite. Faites en sorte d'aller là où vous êtes le plus fort : à quoi vous sert une grande confiance dans vos capacités de chanteur ou de sprinteuse si vous souhaitez qu'on fasse appel à vos talents de peintre ou de coureuse de fond ? Enfin, rien ne vaut en dehors de la réalité : vous pouvez être le meilleur en théorie, sur le papier, et vous effondrer quand il s'agit de passer à l'action, une fois sur le pré. Autant dire que votre marque personnelle ne peut vivre sans confiance. Cela se traduit en aisance dans les échanges, et comme un lubrifiant dans la mise en mouvement des rouages complexes de vos projets. Il s'agit d'occuper sa juste place, de faire entendre sa voix parce qu'elle vaut autant que celle des autres. De prendre la parole et d'être écouté parce qu'on mérite de l'être. Quittons la machinerie et remontons maintenant vers la surface, vers le réel. Nous voyons comment influer sur le résultat.

Avoir confiance en restant sur son terrain

Si vous voulez faire progresser la confiance en vous, vous devez agir en vous plaçant d'abord sur votre terrain. Vous savez, par expérience, ce que vous savez faire et surtout ce que vous ne savez pas faire. Autant ne pas s'acharner à réaliser des choses pour lesquelles vous n'avez aucun talent… On gagne plus à s'en débarrasser qu'à maintenir des expertises sans effet. C'est le premier principe de la délégation : faire en sorte que d'autres plus doués ou plus motivés fassent ce que vous ne savez pas faire.

Comprendre les ressorts de ce qui marche

Prenez le temps, autant que faire se peut, de vous pencher sur vos réussites ou vos échecs, pour essayer d'en comprendre les ressorts. Rien de pire que les idées reçues, les lieux communs, les formules toutes faites jamais remises en question… La crise de confiance n'est pas loin si l'on s'en remet sans réfléchir à ce qui a l'air de marcher sans qu'on sache pourquoi, ou sans analyser ce qui a raté. Ce travail est mené, en général, avec l'appui d'une autre personne (coach, relation...).

Bien connaître ses qualités et ses défauts

Enfin, il faut apprendre à se connaître, connaître ses forces, ses faiblesses, ses limites. Cette prise de conscience se fera en toute honnêteté, en toute franchise. Les risques que vous prendrez pour atteindre vos buts seront alors proportionnés à vos possibilités réelles. Et si vous devez vous surpasser, sublimer vos capacités, vous parviendrez à votre but en progressant d'abord par rapport à vous-même.

Cela passe par une prise de conscience de ses propres intérêts : à trop vivre dans le regard ou l'attente du jugement des autres, on dépense une énergie folle à maintenir une image décalée de soi ou, pire, on s'inquiète de ne pas correspondre à celle que les autres nous renvoient. Accepter son image, le niveau de ses compétences, de ses talents, c'est se donner une tranquillité d'esprit qui fait tourner le moteur de sa confiance et qui permet de se dépasser.

Une marque en 3D

Virtuelle ou réelle, votre marque personnelle se décline en trois dimensions.

Notoriété

Combien de personnes vous connaissent, se souviennent de vous, sont susceptibles de vous identifier si on les aide un peu ? Votre famille, vos amis, les amis de vos amis, vos relations personnelles et professionnelles. Vos voisins. Vos clients directs, les clients de la société ou de l'organisme dans lequel vous travaillez. Vos lecteurs… En reliant ces groupes, on obtient un groupe plus grand, rassemblant ceux qui connaissent votre nom à différents titres, en différents endroits, à différents moments.

Il y a évidemment un intérêt à être connu : on pensera davantage à vous, on se référera à vous quand il s'agira de faire appel à un(e) pro. Dans cette optique, l'objectif est d'être connu du maximum de gens appartenant au domaine qui compte, à tout le moins du plus grand nombre de gens qui comptent dans le domaine considéré.

Réputation

C'est une notion plus qualitative : quelle opinion a-t-on de vous, que pense-t-on de vos actions, de vos expertises, de vos idées, de votre façon de faire, voire…

de votre notoriété ? La réputation est construite à partir de plusieurs éléments.

- **Activité.** Ce que vous faites, ce qui vous donne statut, position sociale, légitimité, autorité morale. C'est sur ce socle que se construit la réputation. Par analogie avec les recherches sur Internet, si la notoriété se déduit du nombre de pages qui parlent de vous, la réputation renvoie aux contenus, à ce qui est dit, aux mots clés, donc aux activités sur lesquelles vous êtes reconnu, apprécié… voire combattu.

- **Références.** Ce sont les personnes, des organismes, des entreprises, qui sont capables de porter un jugement public sur vous. En quelque sorte, des leaders d'opinion qu'on écoute quand il s'agit d'évaluer. Cette notion est intéressante : elle donne des preuves, des garanties, qui seront jugées à l'aune de la réputation de ces mêmes références. Si celui qui dit du bien de vous est réputé, c'est nettement plus efficace que si c'est un illustre inconnu.

- **Publications.** Ce sont les éléments qui médiatisent vos activités, qu'on contrôle directement (blog) ou indirectement (site communautaire, réseaux sociaux), ou qui sont produits (presse, télévision, radio…) sans que vous ne puissiez susciter ni produire leur contenu.

Image personnelle

Cette notion est autrement plus subjective. Il s'agit de la représentation qu'on a de soi ou que les autres ont de vous. Cette perception résulte d'éléments divers, à la fois matériels (allure, présentation, discours) et immatériels (charisme, autorité, qualités humaines, intelligence, sensualité). Les deux angles de représentation (votre point de vue, celui des autres) coïncidant rarement, il importe d'éviter un écart très important. Tout en sachant que l'image varie forcément selon l'angle et la proximité. Et qu'une partie de votre image vous échappe, forcément. Et qu'il faut vivre avec ça.

Manager sa marque

Dans la vie réelle, la gestion des dimensions est un travail de longue haleine, qui se pratique au quotidien : gestion de sa carrière, organisation et animation de ses réseaux physiques, relations publiques... Dans la sphère numérique, la maîtrise de ces trois dimensions est possible : l'essentiel des recherches sur les profils se pratiquant par le réseau, il faut être attentif à leur vibration. Internet offre un accès immédiat aux dimensions du profil sous toutes ses formes, ainsi que différents leviers pour peser dans un sens ou dans l'autre. La publication autonome, via les blogs, est l'une des clés de la réussite. Un blog permet de s'emparer de certains sujets ou de certaines expertises, de faire autorité dans certains débats, de relayer des informations en leur donnant du sens. C'est aussi un outil idéal pour répondre aux interrogations, questions ou attaques sur sa propre réputation, sa notoriété et son image.

La présence dans les réseaux sociaux est un autre levier qu'il faut manier avec rigueur et prudence. Ainsi, certains réseaux, comme Naymz, ont fait de la gestion de la réputation numérique leur marque de fabrique. Un algorithme complexe détermine votre *repscore*, selon le nombre d'informations publiées et de références sur votre profil. Au-delà d'un certain niveau, une publicité à votre nom et prénom apparaît dans les pages de résultats Google sur les recherches vous concernant directement.

Pas si simple, cependant, car le modèle marchand associé ne se base pas sur beaucoup d'éléments qualitatifs. Qui pourra un jour mettre en équation le charisme ou le sens du relationnel ? Dans ce domaine, la seule certitude vient de l'esprit avec lequel il faut aborder le travail sur les dimensions de son profil. Un mélange de franchise (on est en cohérence avec ce qu'on dit de soi), de valorisation sans état d'âme de ses atouts (inutile d'être modeste si on est le meilleur) et d'acceptation des fragilités : « *Nobody is perfect.* »

Qui parle pour vous ?

Votre marque personnelle est semée à tous vents. Vous pouvez contrôler la diffusion d'une petite proportion des informations qui vous concernent. Mais beaucoup d'autres acteurs vont aussi s'en charger, la faisant évoluer au gré des circonstances. Comment savoir ce qu'on pense et ce qui se dit de vous ? Et comment agir de son côté pour faire évoluer les choses ?

Posture n° 1 : le silence est d'or...

La première posture – qu'on pourrait qualifier d'une phrase : « Ne parlez pas de moi. » – consiste à fermer délibérément le robinet, à ne pas chercher à savoir ce qu'on raconte sur soi, pour être sûr qu'ainsi, le moins d'informations possible circuleront, à la limite en méprisant ce qui sera dit sur votre compte d'un silence un peu hautain. La sobriété et la rareté seront alors vécues comme des atouts. Seuls quelques sujets minutieusement choisis seront rendus publics, le plus souvent dans le seul domaine strictement professionnel. Le prestige du mystère et de l'éloignement conférant une sorte d'autorité morale invisible, les actes et les paroles devront parler d'eux-mêmes et se suffire en soi.

Cette posture a l'avantage de construire un personnage entouré d'un halo d'inconnu et de secret, avec la mise à distance érigée en règle de vie. Elle compose une marque personnelle en creux, dans les interstices, en l'absence du discours sur soi assumé et diffusé.

Posture n° 2 : la parole est d'or et de lumière

La seconde posture, « parlez de moi », qui revient au management dynamique de son image, passe forcément par les autres. Le discours sur soi sera suscité et relayé, pour aller au-delà des limites physiques, toucher plus de monde, atteindre des tailles critiques qu'une personne ne pourrait prétendre approcher toute seule. Il va donc s'agir :

- de développer un réseau proche agissant comme autant de têtes de réseaux (appelons-les « liens forts ») susceptibles de relayer les messages qui nous concernent vers des publics plus ciblés ;

- de maintenir le contact avec un public plus large de liens dits faibles, susceptibles d'entretenir notre notoriété personnelle et d'être, le moment venu, rendus plus actifs selon les circonstances.

S'appuyer sur les liens forts

Les liens forts sont aisément identifiables : vous avez développé avec certaines personnes des relations solides, structurées, régulièrement réactivées. Elles font autorité ou savent se faire entendre dans le domaine considéré. Elles vous prêtent d'emblée une oreille attentive et passent immédiatement à l'action dès qu'on les sollicite. Pour donner une image, les liens forts sont ceux qui vous prennent au téléphone immédiatement ou qui vous rappellent quand vous le leur demandez. Vous en êtes parfois un, sans le savoir. Entretenir une relation particulière avec ces liens forts et les tenir au courant des évolutions de vos projets sera souvent l'occasion d'échanges de bons procédés.

Ne pas négliger les liens faibles

Les « liens faibles », ce sont les gens avec lesquels vous avez peu de rapports directs, fréquents, solides, structurés, que vous connaissez sans plus. Ils paraissent plus éloignés de vos projets. Leur rôle et leur activation seront très dépendants du contexte, du besoin, de la situation. Mais de nombreux exemples montrent que ce sont souvent ces liens faibles qui jouent un rôle important dans les évolutions personnelles. Il est donc essentiel que ces liens-là fassent l'objet d'une attention régulière, et qu'ils entendent fréquemment parler de vous, que vous continuiez d'exister dans leur esprit.

Parler de soi auprès des liens forts et des liens faibles revient alors à donner régulièrement de ses nouvelles, actualiser ses informations, se tenir au courant auprès d'eux. La communication sera plus intense avec les liens forts, soutenue dans le temps avec les liens faibles. Pour prendre un parallèle dans les réseaux, un message de temps en temps avec les liens forts sera le bienvenu, et la simple mise à jour de son statut, des liens diffusés, des notes publiées sera utile pour maintenir le contact avec les liens faibles. Les liens forts aident à soigner la réputation, les liens faibles entretiennent la notoriété.

Organiser le retour d'information

Ce travail avec vos réseaux suppose aussi d'organiser un retour sur votre discours, dans une infinie variété de déclinaisons. C'est comme utiliser un haut-parleur avec un retour pour entendre le son de sa voix amplifiée. Cela passe par l'acceptation du jugement des autres, sans pour autant en supposer d'emblée la véracité. Le meilleur moyen pour connaître ce jugement est de le demander. « Que penses-tu de ce que j'ai fait ? Comment cela est-il perçu ? Cela change-t-il quelque chose ? » À question simple, réponse simplissime. « J'en pense cela, ce que tu as fait est perçu ainsi, ceci change, cela ne change pas. » Il est rare, en effet, qu'on nous cache ce genre d'informations. Cela doit être une habitude de travail, associée à nos actes, et les outils en sont multiples : débriefing après une réunion, e-mail de reporting, commentaires sur un forum, fil de discussion dans un réseau social, etc.

Écouter le bruit qui revient est une chose, en tenir compte à chaque fois comme de la seule boussole de nos actes comporte quelques risques. Car ce que l'on dit de vous n'est jamais anodin, ni désintéressé. Savoir qui le dit est une bonne façon d'évaluer la légitimité et la pertinence des paroles qui sont tenues sur votre compte. Être attentif à ce qu'on dit de soi ne dispense cependant pas de garder un regard critique, une capacité de recul et d'analyse sur ce retour. Le contexte est tout aussi essentiel. La tension ou, au contraire, un climat paisible dans une équipe, dans un groupe, dans un réseau, modifient considérablement la nature des informations qui circulent entre ses composantes. Sans parler de la concurrence…

Parler de soi et faire parler de soi sont les deux axes d'une vraie démarche, avec une dimension stratégique, à tout le moins avec la volonté de parvenir à un résultat, de semer des graines sur différents terrains avec l'espoir légitime qu'elles germent.

ÉTAPE 4
SE LAISSER REGARDER

Une impression faite pour durer

« Rappelle-toi la première fois… » Même si l'on gagne forcément à être connu, la première rencontre génère d'emblée des images fortes, tenaces, qui vont perdurer longtemps après, et renforcer ou affaiblir la dimension et la densité de notre marque personnelle. Ce premier dialogue établit la complicité ou la défiance. Le respect mutuel, la reconnaissance des expertises et des différences propres à chacun, la confiance qui ouvre les portes, tout cela se joue pendant un instant éphémère. La rencontre physique se noue sur des registres évoluant en lignes parallèles.

De bons mouvements

La conversation, sur le mode verbal, donne le contenu à l'objet de notre rencontre. Elle se double d'un échange non verbal, très instructif pour qui sait le décrypter. Comme si deux couples de personnes aux propos parfois cohérents, parfois en opposition, étaient à la manœuvre de part et d'autre, entremêlant leurs idées et leurs gestuelles. De fait, la marque personnelle s'épanouit dans l'harmonie et se dissout dans la cacophonie. Les attitudes et les postures sont aussi cruciales.

Nous utilisons notre corps, à notre corps défendant, pour signifier à nos interlocuteurs comment nous nous situons par rapport à eux. Il faut donc veiller à ne pas contredire sa parole par ses gestes. L'observation et le simple bon sens donnent quelques indications utiles. À quoi bon fermer le dialogue en croisant les bras si l'on souhaite exprimer une attitude ouverte ? Pourquoi regarder ailleurs si on cherche à établir une confiance qui se lit les yeux dans les yeux ? Pourquoi rester à bonne distance si on veut se rapprocher mentalement des gens ? À l'unisson exact ou en contre-chant mélodieux, le langage du corps fait un écho charnel au langage de l'esprit.

Les mots pèsent leur poids

La parole compte pour beaucoup. La clarté de l'expression, la précision de la demande (implicite ou explicite), le temps réservé à l'écoute de l'autre, l'équilibre dans l'échange, l'espoir de la prochaine étape (se revoir, se parler, s'envoyer un e-mail, toucher un mot à quelqu'un d'autre...). Tout cela concourt à donner de soi l'image d'une personne attentive, précise, concrète pendant l'échange, et fiable après la rencontre. Qu'il reste quelque chose de nos échanges, en impressions et en suites données, et voilà notre marque personnelle qui se déploie avec aisance sur un nouvel espace.

Mots et gestes virtuels en accord

La rencontre virtuelle (sur les réseaux sociaux, par exemple) répond aux mêmes règles. La première impression numérique est d'autant plus forte qu'elle est recherchée. Pour qui se met en quête de votre profil, directement ou par mots clés, l'utilisation d'un moteur de recherche donne des résultats sur différents registres : termes, photos, vidéos... Faire le tri dans sa trace numérique a autant d'importance que de canaliser son expression verbale et non verbale, au service de la clarté de sa présentation. Mais publier ou dialoguer sur la Toile répond à la même exigence de cohérence. Ce qui est montré doit être en accord avec ce qui sera dit.

Les raccourcis de la marque

Pour faire en sorte que les autres parviennent rapidement à votre marque personnelle, il faut leur proposer des accès variés. Ces points d'entrée seront, pour vos interlocuteurs, comme des favoris, des marque-pages ou des raccourcis, qui permettent de retrouver sur un ordinateur des fichiers ou des pages Web souvent consultés. L'idée est bien de décliner la marque selon différents supports, en conservant une cohérence d'ensemble.

Écrire sa bio

La biographie est une étape satisfaisante du développement de la marque personnelle. Raconter une histoire, la sienne, qui l'on est, d'où l'on vient, où l'on va. Rédigée avec franchise, honnêteté, rigueur, sur une ou quelques pages, la bio donne un relief particulier, une épaisseur au moment présent. Toute vie n'est pas épopée, mais toute vie mérite d'être racontée, car elle donne des prises pour la compréhension du mouvement qui vous anime. Ce qui s'est passé, ce qui n'a pas eu lieu, ce qui a marché, ce qui a échoué… L'avenir a son histoire, le recul sur le passé donne l'humilité et la force nécessaires pour se projeter vers le futur. Il contribue à la compréhension des étapes clés, des éléments transversaux, des événements uniques, des tâtonnements et des réussites… De cette bio, matrice de la marque personnelle, surgiront des extractions comme le CV ou le profil, voire des distillations plus recherchées comme le pitch.

Élaborer son pitch

Le pitch est un des outils clés. Il s'agit de se présenter en quelques mots, en quelques phrases. Être en mesure de résumer sa personnalité, ses expertises, ses projets en quelques idées-forces, c'est se doter d'un atout majeur face à ses interlocuteurs, surtout si ce sont des décideurs utiles pour faire avancer ses projets, et qui veulent aller à l'essentiel.

Le pitch personnel va devenir votre carte de visite orale, la quatrième de couverture du livre qui parle de vous. Vous vous en servirez dans les occasions de rencontres, formelles (préambule d'un entretien, de la présentation d'un projet) ou informelles (soirées, dîners, voyages, etc.). Les Anglo-Saxons, toujours très pratiques, ont même popularisé l'*elevator pitch*, petit discours que vous tenez pendant un temps très court, dans un temps équivalent au trajet dans un ascenseur (quinze à trente secondes, guère plus). Le principe est de pouvoir saisir l'occasion d'une rencontre fortuite et rapide avec un décideur que vous devez convaincre de l'intérêt de votre projet. Stressant mais efficace. Avec à la clé une anecdote amusante à raconter plus tard, quand il s'agira de narrer les origines d'un projet.

En déroulant son pitch, on s'adresse directement à ses interlocuteurs, sur un mode relationnel empathique. Regarder dans les yeux, parler rapidement mais fermement, faire une synthèse fine d'une idée complexe, réagir à une remarque qui valorise l'idée, retourner l'objection, tout cela marque les esprits. Il faut aussi avoir un objectif : solliciter un entretien plus long, obtenir une recommandation, etc. Et cet objectif doit être atteint à la fin de l'entretien. Attention, le pitch n'est pas une fin en soi. S'il résume une démarche plus large, travaillée, argumentée, il a besoin de développement pour croître et embellir. Si la marque personnelle se résume à son seul pitch, la supercherie sera vite découverte…

Montrer son profil

Disposer d'un profil sur les réseaux sociaux (Twitter, Facebook, Tumblr, LinkedIn, mais aussi Monster, YouTube, Dailymotion, etc.), c'est se donner la possibilité d'entrer en contact ou, à l'inverse, de donner envie de vous connaître à des dizaines, voire des centaines de personnes. La vie est faite de rencontres hasardeuses : les réseaux sociaux vous offrent l'opportunité de les multiplier, sur la base d'une présentation personnelle qui induit un tri actif ou passif. D'un côté, vous pouvez entrer en contact avec des gens dont les profils définis retiennent votre attention. De l'autre, vous vous rendez disponible dans un cadre contrôlé auprès d'interlocuteurs qui peuvent être intéressés par le vôtre.

À la fois vitrine et filtre, le profil dans un réseau social a un atout énorme : il se référence sur Internet. Une fois inscrit sur un réseau social, en tapant son prénom et son nom (sous la forme « prénom nom », entre guillemets) dans un moteur de recherche, on a de très bonnes chances de tomber sur la fiche remplie dans l'un ou l'autre de ces réseaux. Certains réseaux proposent même des publicités à votre nom, qui s'affichent dans les espaces publicitaires des pages de résultats des moteurs de recherche, et qui renvoient directement à votre profil. Ici, pas de limite de place : le ruban de l'ascenseur se déploie à l'infini vers le bas. Il est donc possible d'être exhaustif. En pratique, il faut trouver la bonne longueur pour éviter que les internautes ne perdent le fil. Autre avantage, on peut agréger sur sa page des contenus variés : liens automatiques vers son blog, liens vers des publications en rapport avec son activité ou sa production, sites Internet, groupes fréquentés, photos, vidéos, podcasts, présentations PowerPoint partagées sur SlideShare, etc.

Le fin du fin consiste à proposer le lieu vers lequel remonte et converge l'ensemble de vos profils : site Internet, blog, etc. En théorie, le profil a donc tous les atouts pour devenir la référence dans les années à venir. En pratique, il faut s'accommoder de présentations graphiques encore un peu sèches et normalisées.

Les versions qui s'adaptent automatiquement aux langues employées par les navigateurs des visiteurs sont encore rares. De votre côté, vous veillerez à faire le tri dans l'accumulation et la variété des contenus que vous présentez. Si l'on y prend garde, en effet, les profils des réseaux sociaux ressemblent vite à des façades taguées, qui découragent la consultation.

La maintenance de votre profil, pour l'actualiser et conserver cohérence et pertinence vis-à-vis de votre marque personnelle, est une tâche de fond qui doit s'imposer comme essentielle…

Faire bouger son statut

Qu'êtes-vous en train de faire en ce moment ? Sans qu'il soit nécessaire d'aller voir votre profil, les réseaux sociaux proposent pratiquement tous cette fonctionnalité qui permet de diffuser rapidement auprès de vos connexions une information dont vous êtes à l'initiative. Cela donne ainsi votre actualité immédiate. Ces statuts sont courts (moins de 140 caractères sur Twitter), ce qui induit un message à la fois bref et instantané. Précédé du nom d'utilisateur, il décline à l'envi la thématique que vous avez choisie pour vous rappeler au bon souvenir de vos correspondants…

- Humoristique : « *My name is Blonde. Jane Blonde.* »
- Faussement informatif : « est heureuse ».

- Poétique : « *Giant Cesar Salad* ».
- Ésotérique : « sous le soleil exactement ».
- Compréhensible par une seule personne : « attend avec impatience le dîner en tête à tête de ce soir ».
- Etc.

En évitant les écueils de la superficialité, de l'addiction et du narcissisme, les possibilités offertes sont infinies, y compris de copier-coller dans son statut un lien entier ou raccourci vers une application, un site, une information, générant un trafic supplémentaire. Dans ce cas, celui qui publie un tel lien joue un rôle de veille et de diffusion, de « curation », dirait-on aujourd'hui. La marque personnelle y trouve un terrain pour décliner son actualité, sa personnalité, sa créativité, ses doutes, ses envies…

Se montrer aussi en images

Pour qui sait se mettre en scène, une présentation de soi en images convient à merveille pour valoriser sa marque personnelle. La caméra peut faire la différence, si on l'utilise à bon escient et si on réalise un film avec professionnalisme. La vidéo donne à voir : on aura donc recours au clip quand il s'agit de démontrer par l'image une expertise, une qualité, un projet, une idée, une personnalité. Ce support s'impose donc comme une sorte d'évidence, quand on pense que l'image donnera une forte valeur ajoutée à ce qu'on veut présenter de soi.

Qui dit clip dit format court : une minute à une minute trente est la bonne moyenne. C'est un petit projet, à mener dans les règles de l'art, et qui vous donne d'incontestables satisfactions si vous le pilotez comme tous vos projets : vite et bien.

Celui qui tient la caméra doit être un pro, du moins quelqu'un qui s'y connaît : la vidéo ne supporte pas l'amateurisme. Faites le tour de vos amis et de vos relations : il sera aisé de dénicher la perle rare, et de monter avec elle le partenariat qui va bien. Car il faut de bonnes notions de cadrage, de son et de lumière, un minimum de matériel et de sérieuses qualités de monteur.

Autant éviter le téléphone portable ou la webcam pour son autoportrait. C'est très pratique et très réactif. Mais les images sont floues ou pixellisent en grand format. Et le son est souvent inaudible. Il faut au moins un très bon scénario, c'est-à-dire écrire un récit destiné à être filmé. Il décrit ou il évoque ce qu'on doit voir et entendre dans le film. Comme on est dans un format court, vous prévoyez ainsi à l'avance la longueur et le contenu des plans, pour tourner uniquement ce qui est nécessaire. Ensuite, vous devez jouer votre rôle : répéter et apprendre son texte, le jouer hors-champ, tester le résultat, recommencer si ce n'est pas bon. Jouer et même un peu surjouer : une pointe d'emphase, un soupçon d'outrance ne sont pas superflus. Tous les comédiens vous diront qu'on ne parle pas et qu'on ne bouge pas de la même façon dans la vraie vie et quand « ça tourne » : les phrases sont plus scandées, les mouvements sont plus amples. Et bien sûr dans la bonne humeur : le sourire passe toujours très bien à l'antenne.

Enfin, l'image ne vaut rien sans le son : générique, voix, ambiance, musique d'accompagnement, commentaire off, bruitages… La touche finale, c'est le montage, la réalisation des bancs-titres, le calage de la bande-son : en suivant votre scénario, vous disposez déjà d'un conducteur pour le montage. Vous pouvez adapter si des images vous suggèrent des enchaînements différents.

C'est fini ? Chargez alors votre petit bijou sur un site de partage. Le voilà prêt à rencontrer son public. Non seulement vous savez maintenant ce que c'est que de tourner un film, mais en plus, ce film parle de vous… En vidéo, votre marque personnelle s'exprimera en deux dimensions : elle y gagnera cependant un relief incontestable.

Graver son CV

On le croirait battu en brèche, éclipsé par Internet, ringardisé par les profils en ligne… Et pourtant, il conserve son territoire, ses adeptes. Et il a de beaux jours devant lui. Car il joue sur un registre différent. Les profils font la course à l'actualité : il faut sans tarder les mettre à jour, ajouter la dernière expérience, enlever ce qui ne plaît plus, compléter les références... Le CV préfère le temps long. Six mois, un an, voire plus : ses informations sont destinées à une certaine pérennité. Tout ce qui bouge trop vite ne lui convient pas. Mais tout ce qui se confirme avec les mois et les années devient sa marque de fabrique et preuve d'authenticité. Un bon CV est un CV qu'on pourrait graver dans le marbre.

C'est un document qui raccourcit avec le temps. Au début de la vie professionnelle, les premiers emplois sont longuement explicités comme pour pallier le manque d'expérience. Les formations scolaires et universitaires sont détaillées, en remontant souvent jusqu'aux plus anciennes. Les expertises sont formatées et banalisées pour ressembler à celles les plus couramment demandées. Plus le temps passe, plus les choses se simplifient, plus elles se clarifient. Émergent alors les compétences clés, qui font votre singularité : votre savoir et votre savoir-faire, les outils et la manière bien à vous de vous en servir, l'autorité et la légitimité acquises par l'expérience, ainsi que la variété des situations professionnelles que vous avez rencontrées. Un bon CV sera court et mettra en valeur vos compétences, avant même les postes que vous avez occupés.

Le CV conserve aussi un énorme avantage : il est possible de le mettre à sa propre identité graphique. Un atout incontestable pour valoriser sa marque personnelle. Là où les profils des réseaux sociaux imposent leur univers corseté par les chartes graphiques et les formulaires préremplis, le CV, sur papier ou sur écran, garde un indéniable parfum de liberté qui aiguise l'imagination et donne le champ libre à la créativité. Il privilégie la forme comme le fond et les met au même niveau. Rigoureux et sobre, doté d'une belle typo, avec une photo recherchée et un texte accrocheur, le CV fera la différence. Plus créatif, il proposera un premier aperçu des qualités intrinsèques et donnera envie d'en savoir plus. Contenu simple et percutant, format original, papier de qualité : un atout de poids.

Ils sont beaux, mes produits !

Ce qu'on a fait se voit forcément. Les produits de nos expertises sont là, devant nous. Parfois au complet, à d'autres moments simple trace, morceau posé quelque part, sur une étagère, dans un grenier… ou laissé en jachère sur Internet. Quelquefois, seul le souvenir subsiste. Si nous en sommes fiers, autant les donner à voir. Cela procède toujours d'une démarche intérieure en deux temps.

Assumer ses choix

Les passions anecdotiques font, un jour, la place aux passions revendiquées. Élève des Beaux-Arts sans génie particulier, Serge Gainsbourg détruisit un jour toutes ses œuvres sur un coup de tête, estimant qu'il n'était arrivé à rien et qu'il fallait en prendre acte. C'était sa façon à lui de brûler ses vaisseaux pour cingler vers des rivages nouveaux. Un artiste qui délaisse ses brosses et ses pinceaux pour le clavier d'un Steinway de pianiste de bar renforce sa détermination à ses yeux et l'affiche devant ceux de ses contemporains.

Montrer ses actions

Une fois que les choix sont faits et assumés, il faut les montrer. Les petites choses ont autant d'importance que les grandes. C'est parfois une toute petite décision qui nous a fait quitter nos vallées sombres pour grimper vers des sommets plus ensoleillés. C'est une réalisation presque anodine dont nous sommes le plus fiers. Ces petites actions clés, il ne faut pas hésiter à les reprendre, à les montrer, à les mettre en avant. Trois exemples :

- **Vous avez abandonné vos études** pour devenir serveuse et l'expérience vous a plu, au point de changer votre vie ? Il doit bien en rester une photo. Elle n'existe plus ? On peut la refaire, même dix ou vingt ans après. C'est même mieux : le décalage donnera une force décuplée à cette expérience déterminante.

- **Vous adorez les voyages ?** C'est banal et vous ne savez pas comment en parler. La valise en carton bouilli constellée d'étiquettes d'hôtels et de compagnies transatlantiques parlait d'elle-même pour décrire le grand voyageur. Maintenant, une carte Google Maps suffit à indiquer les points visités. Relier ces points, y ajouter les dates, les images et les mots qui vont bien, et voilà l'originalité d'un périple mise en exergue. Même le nième trekking au Népal ou une traditionnelle croisière sur le Nil peuvent contribuer à forger une honnête réputation de globe-trotter.

- **Vous avez quitté l'enseignement public sur un coup de tête,** et vous avez changé d'univers pour travailler dans le privé ? Une anecdote sur cette période, une photo de salle de classe ne sera pas seulement nostalgique : elle rappellera d'où vous venez, et ce que vous avez construit.

Nos grandes réalisations ont besoin de plus d'ampleur, mais le principe est le même. À quoi bon dire qu'on est excellent, voire le meilleur dans tel domaine, si on ne le montre pas ? Publications, retombées presse, citations sur Internet, albums photos papier ou virtuels : les moyens de publiciser son action ne manquent pas. Mais ces moyens ne sont pas uniquement réservés à ceux qui réussissent ! Ils doivent aussi servir, tout simplement, à différencier notre marque de celle des autres, nos produits de ceux des marques personnelles concurrentes. Ce n'est plus une certaine supériorité qui est mise en avant, mais une façon de faire, un coup de main particulier, une approche sensiblement différente, autant de choses qui peuvent plaire à certains et trouver leur public. Expert-comptable, journaliste pigiste, agent immobilier, coach… On cherche à travailler avec les plus talentueux, mais surtout avec ceux que le destin – et une bonne communication – met sur notre route, et qui correspondent le mieux à notre besoin.

Vos produits à vous, revendiquez-en la propriété. Petits ou grands, vous n'hésitez pas à les montrer pour qu'on les repère plus facilement et qu'ils vous aident à construire votre singularité.

Un slogan qui marque

Séducteur et réducteur. Le slogan personnel est un message court et répétitif utilisé pour se présenter. Il s'appuie sur un angle particulier de sa personnalité ou de son expertise et flatte l'oreille, donne envie d'en savoir plus. Doté d'une certaine musicalité dans son phrasé et son contenu, souvent apparentés aux figures de style poétiques, il fait plus appel à l'affect qu'à l'intellect, à l'émotion qu'au raisonnement, facilitant ainsi sa mémorisation.

C'est un choix difficile. Se présenter en quelques mots est forcément réducteur. Il faut en outre choisir son registre (poétique, humoristique…) et s'assurer qu'il peut fonctionner dans toutes les situations de présentation.

Se présenter en un ou deux mots

Les jeux de mots basés sur la répétition de syllabes ou sur le décalage sont fréquemment utilisés. « Profession, profiler » désigne une chasseuse de têtes ; « Agent d'ambiance », un décorateur d'intérieur ; « *GHost writer* », un journaliste dont les initiales sont GH, et dont les talents de nègre littéraire (*ghost writer* en anglais) l'obligent à ne jamais apparaître en pleine lumière.

Faire simple

En revanche, il doit être facile à prononcer, et identifiable même dans des conditions d'écoute difficiles. Ce qui conduit à manier avec prudence les assonances et autres allitérations hasardeuses (dans le genre « pour qui sont ces serpents qui sifflent sur nos têtes »), si elles n'apportent rien à la mémorisation du message. Il doit être aussi facilement traduisible dans vos langues de communication autres que le français.

Votre slogan à vous est fait pour être diffusé dans les situations de rencontres, soit oralement (au début d'une réunion, dans un cocktail, dans les couloirs d'une convention), soit par écrit (sur une carte de visite, ou en complément du titre d'un blog personnel). Le slogan peut aussi devenir devise, s'il s'agit de partager un état d'esprit ou des valeurs avec ses interlocuteurs.

L'étape ultime est de ne plus avoir à se présenter par une phrase : votre nom et votre prénom suffisent, voire un seul des deux – Loïc Le Meur, célèbre blogueur français, arrive en tête des recherches Google sur son seul prénom…

Savoir faire sa pub

Virtuel ou physique, votre profil doit être mis en avant fréquemment. Vos partenaires, vos clients, vos amis, vos connexions doivent entendre parler régulièrement de vous.

Actif et réactif

Sur les réseaux sociaux, cela se passe en deux temps. Premier temps : votre statut. Il est mis à jour régulièrement (au moins une fois par jour). Avec un téléphone portable ou via votre ordinateur (ou iPad), cela prend quelques secondes, à caser dans les intervalles que ménage la journée de travail : avant de partir déjeuner, en prenant connaissance de ses e-mails, pendant les temps de transport, etc.

Deuxième temps : injecter un peu d'actualité. Quoi de neuf au fait ? Un sujet en tête ? Vous écrivez une note sur votre blog, reprise automatiquement dès sa publication sur vos profils Twitter et Facebook. Une lecture à recommander ? Vous publiez un lien vers un article intéressant, vous concernant directement ou concernant le secteur dans lequel vous travaillez. Vous avez pris des images (photos, vidéos) lors d'un voyage, d'un événement, d'une réunion ? Créez un album et partagez-les avec votre réseau d'amis. Un article signale votre activité, vos projets, votre expertise ? Faites un lien vers la page en question sur le site du groupe de presse qui a publié cet article. Vous avez repéré un groupe musical intéressant : un lien Spotify se crée en un clin d'œil. Avec des solutions comme Twitter et ses clients (TweetDeck, Echofon, Seesmic, par exemple), il est possible d'envoyer de l'actualité en permanence dans son réseau sans accéder à l'application elle-même : une fenêtre reste constamment ouverte sur votre portable.

Partager l'information

Le partage est la principale activité sur le réseau. C'est aussi une formidable occasion de faire parler de soi, une opportunité pour se positionner parmi ceux qui comptent, ceux qui diffusent des informations (sur eux, sur leur marché, sur leur réseau…), qui intéressent par leur vision des choses, qui retiennent l'attention.

Le pouvoir appartient désormais à ceux qui ont l'info et qui la partagent, pas à ceux qui la détiennent et qui la gardent. Bien entendu, il faut valoriser cette information : la sortir au bon moment, la commenter, lui donner un angle original, une valeur ajoutée, des perspectives, la situer dans un contexte… L'abondance des informations sur Internet appelle le besoin de trier, de mettre en valeur, de discerner. Les médias ne voient pas tout : les adeptes agiles du réseau développent là une grande partie de leur notoriété et de leur positionnement.

Ne pas s'oublier

Dans la vie réelle, faire votre propre pub fait partie de vos tâches quotidiennes. Impliqué dans un projet, vous faites et vous faites savoir : vous incluez dans votre *to do list* la communication sur les actions qui vous reviennent. En livrant un projet exceptionnel, vous n'omettez pas de mettre à jour vos profils, voire de consacrer une note de votre blog à votre bilan (si le niveau de confidentialité le permet, bien entendu). Mais vous faites aussi en sorte de ritualiser cette livraison, de telle façon qu'elle ne passe pas inaperçue. Si vous travaillez sur un projet personnel, attachez-vous à médiatiser (auprès d'un réseau plus restreint, par exemple) les étapes qui rythment sa progression. La communication n'est donc pas une phase secondaire, qui complète votre démarche d'expert, de technicien, de commercial… Elle s'imbrique dans votre action de tous les jours, sans la retarder en aucune façon. La perte de temps serait de faire parler de soi trop tard. Il faudrait tout effectuer en un temps record, avec une débauche d'énergie bien plus conséquente. Votre propre pub sera plus efficace si elle s'inscrit dans la durée.

Tu veux ma photo ?

Appareil numérique ou Studio Harcourt ? Quand il s'agit de se faire photographier pour illustrer les supports de sa marque personnelle, le choix est large et les limites techniques quasi inexistantes. Cette étape est essentielle, et les premiers écueils sont la fausse modestie ou la pudeur mal placée. Il faut se livrer sérieusement à l'exercice, avec la même attention minutieuse qu'on met pour écrire les dix lignes qui parlent de soi. Ces photos sont destinées à nous suivre quelque temps : autant y consacrer l'énergie et le temps nécessaires.

Le besoin primordial d'une image fidèle

L'image que vous utiliserez doit vous ressembler. Créer un avatar, utiliser des images retouchées, c'est très risqué : les autres risquent d'être déçus ou surpris lors de la première rencontre… La franchise est une alliée : il faut s'assumer tel qu'on est et accepter le regard qui se posera sur vous. Question d'habitude : plus on est pris en photo, plus on apprend à en jouer et à apprivoiser l'objectif. Les défauts ou les imperfections physiques qui rendent réticents à l'exercice ne disparaîtront pas : ils seront sublimés par l'image dans une personnalité rassurée, renforcée.

Laisser faire les pros

Gare aux fausses bonnes idées : se prendre en photo devant sa glace ou avec l'appareil tenu à bout de bras, ça donne un résultat très amusant. Mais c'est une très mauvaise idée pour se représenter tel qu'on est. Chassez le mépris sur cette expertise : réaliser une belle photo est difficile. Si vous avez la chance de connaître un(e) photographe confirmé(e), offrez-vous ou récompensez ses services. Bannissez également la vanité mal placée : il existe d'excellents photographes de quartier. L'œil exercé détecte et met en valeur la personnalité. L'habitude de la composition et du cadrage garantit l'impression d'équilibre de l'image. Un bon relationnel décrispe le modèle photographié. Tout ça, c'est bon pour mettre en valeur votre marque personnelle.

Penser au support

La production des images est toujours en rapport avec leur destination. La photo doit être différente selon qu'elle est positionnée en haut ou en bas d'une page, à droite ou à gauche, si elle est seule ou accompagnée de texte, etc. Pour la poster ou la publier sur Internet, un fichier basse définition suffit. Pour un document imprimé, inutile d'essayer de tricher : la haute définition* est obligatoire. Votre photo illustre pleinement vos mots, vos gestes, votre projet, vos productions... Mettez-la au service de votre marque, avec grand soin et sans état d'âme.

* *Une image de 10 x 15 cm en 300 dpi est en haute définition. Une image de même taille en 75 dpi est en basse définition. En général, une photo de qualité « pèse » de 1 à 3 Mo. Une photo basse définition fait moins de 500 ko et risque « d'exploser » en grand format.*

ÉTAPE 5
CONSTRUIRE SON RÉSEAU

Le vertige des grands groupes

D'étranges légendes urbaines circulent. L'une d'elles dit que si vous entrez en relation avec une personne, qui connaît elle-même une autre personne, qui en connaît une autre, et encore une autre, et ainsi de suite, on arrive ainsi à entrer en relation avec l'ensemble des personnes d'un pays, d'un territoire, d'une nation… Une autre raconte que nous serions tous et toutes des arrière-arrière-petits-fils et filles de Charlemagne, apparentés à des degrés divers à l'empereur à la barbe fleurie.

Oublions les légendes et les pièges à gogos, et retenons simplement l'idée juste qui transparaît derrière le rideau de fumée. Les réseaux sociaux (Twitter, LinkedIn, Facebook, Viadeo et bien d'autres) fonctionnent sur le principe de la démultiplication. En s'appuyant sur nos contacts et les contacts de nos contacts, il est théoriquement possible d'entrer en relation avec beaucoup de monde. Certains réseaux vont jusqu'à calculer le nombre potentiel de personnes avec lesquelles chaque membre du réseau est mathématiquement en mesure d'entrer en relation, histoire d'appâter le chaland.

La théorie est une chose, la réalité en est une autre, et dans les faits, on constate une certaine déperdition. La faute aux liens qui ne fonctionnent pas, au temps qu'il faudrait pour mettre tout ça en place, à ceux qui ne jouent pas le jeu. Alors, juste, presque juste, pas tout à fait juste ? Peu importe au fond. Tout cela est bel et bon, mais pour quoi faire et pour dire quoi ? Voilà les deux seules questions qui importent.

Si nous avons besoin des réseaux, s'il nous vient à l'idée de prendre contact et de parler à d'autres personnes, c'est parce que nos contacts les plus proches, les plus actifs, sont limités en nombre. Pour donner la pleine mesure à nos projets (qui ont besoin de ressources et de moyens), nous devons sortir de notre cercle de base pour connaître d'autres personnes, et activer ainsi d'autres relations. Nous devons aller chercher ailleurs que dans notre « horde primale » les ressorts de notre réussite.

Matérialiser son cercle habituel

Dans un premier temps, le réseau social va nous aider à matérialiser notre propre réseau. Selon sa popularité, il devient possible de créer une image plus ou moins complète, plus ou moins fidèle de notre réseau physique. Si beaucoup de vos contacts sont sur des réseaux populaires, vous pouvez matérialiser la quasi-totalité de votre carnet d'adresses, qui prend alors une forme plus concrète avec la photo, le parcours, les actualités de chacun visibles à chaque instant et à la demande. Vous établissez ainsi une cartographie qualifiée des liens forts et des liens faibles qui vous unissent à vos différents contacts.

Chercher de nouvelles connexions

Le second temps renvoie à la logique des grands groupes : en voyant les contacts de vos amis, relations ou connexions (le terme varie selon les réseaux), vous visualisez de nouveaux amis, des relations possibles, des connexions potentielles. Vous pouvez alors commencer à développer votre réseau en demandant à entrer en relation avec ces contacts de second degré.

Ce développement obéit à deux logiques : quantitative ou qualitative. Multiplier ses contacts peut avoir un intérêt (au-delà de la dimension narcissique…) pour constituer une clientèle dans tous les sens du terme. Les musiciens l'ont bien compris, qui utilisent des réseaux sociaux pour faire découvrir leur production artistique et fidéliser les personnes qui assistent à leurs événements ou qui achètent leur production. Les hommes et femmes politiques aussi, qui démultiplient leur présence dans les réseaux afin d'informer largement, le moment venu, sur leurs actions et leurs prises de position.

Sélectionner ses contacts

Une démarche qualitative se traduira en revanche par une sélection plus fine, plus ciblée, en fonction des objectifs que l'on recherche. Telle spécialiste de l'image entrera en relation avec les experts évoluant dans son domaine, auprès de qui elle cherchera à parfaire sa notoriété, en attendant de leur proposer le moment venu des actions plus concrètes. Tel développeur de solutions informatiques aura à cœur de sélectionner des contacts qui vont amplifier ses capacités de production en cas de sollicitation sur des projets plus ambitieux. Tel passionné se sentira à l'aise en choisissant des personnes qui partagent les mêmes sujets de prédilection.

Savoir quoi demander

Une fois ce réseau construit, que peut-on dire, que peut-on demander à ses membres ? Des contacts, des recommandations, des idées, de l'expertise… Les réseaux choisis auront un intérêt variable selon les domaines évoqués. Certains sont très efficaces pour entrer directement en contact (Facebook, Twitter). D'autres, fonctionnant davantage sur la cooptation, sont plus intéressants quand il s'agit de bénéficier d'une recommandation ou d'échanger des idées et de l'expertise (LinkedIn, Viadeo) entre pairs. Il devient alors judicieux de se concentrer sur le réseau qui fonctionne le mieux par segment.

Donner et recevoir

Une fois le réseau constitué et développé, il faut en garder la mesure et ne pas demander plus qu'il n'en faut à ses contacts. Difficile d'en espérer directement du business, par exemple. Solliciter directement des gens qu'on connaît peu ou pas du tout signe ainsi souvent l'arrêt des relations établies. Il faut d'abord instaurer la confiance et la cultiver sur un mode franc et direct. Et connaître aussi la règle d'or des réseaux : toute relation est basée sur un échange équilibré. Je donne et je reçois. Demander beaucoup et ne rien donner introduit un déséquilibre mortel pour cette relation et conduit à l'échec.

Enfin, il ne faut pas oublier que la logique des grands nombres vaut pour la multiplication des contacts. Pour autant, elle ne se substitue pas à une démarche (commerciale, technique ou à simple caractère relationnel) concrète, physique celle-là. Le virtuel n'a qu'un temps. À un moment donné, il faudra descendre dans la salle, fouler le sable de l'arène, courir sur le pré ou dans la cour, ou arpenter le terrain, pour aller à la rencontre de nos contacts, et des autres. C'est d'ailleurs la finalité des réseaux virtuels : la rencontre.

Un réseau qui porte votre marque

« Dis-moi qui tu hantes, je te dirai qui tu es. » Cette vieille formule un peu désuète revient en mémoire lorsqu'on observe les réseaux d'aujourd'hui. Les gens que vous fréquentez vous ressemblent. La ressemblance n'est pas forcément physique : elle est de l'ordre du partage accepté, de la mise en commun consentie, comme gage de notre ressemblance. Vous partagez ainsi avec vos contacts un centre d'intérêt qui justifie la relation. Via Internet, ces relations sont multiples, elles se nouent avec moins de filtres sociaux (préjugés, allégeances, etc.) et sans la nécessité de la présence physique ou de la proximité géographique. Vous pouvez rester en contact avec des connaissances anciennes, par exemple, ou bien entrer en relation avec de nouvelles, sans effort particulier.

Quand vous bâtissez votre réseau, vous ne faites que relier diverses communautés d'intérêt entre elles. Vous y retrouvez votre famille, vos amis, les gens qui font le même métier que vous, qui partagent avec vous la même passion, qui rient aux mêmes blagues, qui ont fait la même école que vous, qui partagent vos opinions politiques ou s'enthousiasment pour les mêmes causes, qui lisent les mêmes notes ou qui réagissent aux mêmes publications, etc. Et en croisant ces communautés, vous découvrez des gens qui n'ont pas les mêmes passions, les mêmes opinions, et ainsi de suite.

Construire son reflet

Chacun d'entre eux, chacune d'entre elles, par petites touches, forment votre portrait sensible, votre représentation par ce petit quelque chose que vous partagez avec une, dix, cent personnes, qui s'ajoute à une autre petite chose que vous partagez avec d'autres, puis cette autre encore. La mosaïque s'assemble et se précise : bien que différents, ils vous ressemblent un petit peu. Ces petits points de ressemblance sont comme les pixels d'une image qui composent votre portrait et qui reflètent votre marque personnelle. Ce reflet peut être incomplet, par choix ou par simple oubli. À charge pour vous de le compléter si vous le souhaitez, pour donner de votre personne une image encore plus fidèle au travers des réseaux que vous animez.

Multiplier les contacts

La plupart de nos rencontres se font de façon hasardeuse. Nous nous sommes assis un jour à côté de quelqu'un, dans une salle de cours ou sur les bancs d'un amphithéâtre. La nécessité a aussi joué un rôle clé. Nous travaillons avec des personnes sans l'avoir choisi, dans le cadre de nos activités professionnelles, et nous ne les aurions jamais côtoyées sans cela. Notre parcours a mis des gens sur notre route souvent pour notre bonheur, parfois pour notre malheur.

L'attachement plus fort que nous portons à certains de nos semblables mériterait d'être expliqué, même si, à l'image du fameux « Parce que c'était lui, parce que c'était moi » de Montaigne parlant de son amitié pour La Boétie, cet exercice est au mieux difficile, au pire vain. Nous aimons ces personnes, nous avons plaisir à travailler avec elles, nous adorons les revoir, elles nous manquent quand elles ne sont plus là. Alors, même si le sort a choisi de les placer sur notre chemin, nous pouvons sans état d'âme déclarer que le hasard a bien fait les choses ou, mieux, que ce n'est pas par hasard que nos personnalités se sont rencontrées, appréciées, voire aimées. On dit d'ailleurs, à cet égard, que la séduction n'opère pas les yeux bandés, que lors de cette tractation silencieuse, nous choisissons ou rejetons inconsciemment autrui selon des critères inavoués, mais bien précis.

Nos relations professionnelles et personnelles se définissent selon plusieurs postures : très proches de nous, ou différentes au point de nous ouvrir vers d'autres mondes, ou bien simplement complémentaires. Certains sont dotés d'un attrait intellectuel ou physique… D'autres sont débrouillards ou maladroits. D'autres encore ont simplement le mérite d'éclairer notre vie, ou de nous donner l'assurance que nous pouvons compter sur eux. Avec cette palette, chacun se compose un tableau coloré fait d'amis, de relations, de copains et de copines…

Faire de nouvelles rencontres

Ces personnalités sont-elles uniques ? Assurément non. D'autres personnes nous attendent. Et le travail en réseau peut nous permettre d'aller vers elles. En multipliant les opportunités de rencontres, les réseaux sociaux démultiplient les occasions de découverte d'hommes et de femmes que nous pouvons apprécier, avec lesquels nous collaborerions avec grand plaisir, ou avec lesquels, simplement, nous aurions plaisir à parler. Grâce aux réseaux, nous pouvons enrichir nos contacts, renouveler nos relations, compléter nos connexions, en laissant le sort s'en mêler à nouveau pour nous redonner le plaisir de la rencontre.

Créer son événement

La meilleure façon de parler de soi est de créer un événement. Ce type de communication consiste à rassembler les membres d'un réseau ou d'un groupe pour une occasion précise, physique ou virtuelle, suffisamment mobilisatrice pour que les personnes invitées participent en nombre à la démarche. On profitera de cette présence simultanée pour ménager des échanges avec les personnes présentes.

Pour qui veut valoriser sa marque personnelle, ce type d'opération est particulièrement intéressant. En rassemblant en un même lieu et au même moment toutes vos relations, vous multipliez les contacts, les croisements de réseaux, vous approfondissez le relationnel, vous créez des opportunités commerciales... Par rapport à des rencontres individuelles organisées séparément, c'est beaucoup de temps et d'argent économisés, même si la préparation et le coût de ces opérations ne sont pas négligeables.

Un événement, c'est une fenêtre de communication ouverte par une opportunité donnée que vous décidez d'exploiter. Ces opportunités sont multiples, mais peuvent se regrouper en trois types.

Dates clés

Fêtes de fin d'année, anniversaire, nouvelle saison, rentrée... Ces dates sont vite repérées par les personnes sollicitées comme faisant partie des traditions, des rituels établis. Faciles à lancer, elles sont très utiles pour rappeler sa marque personnelle au bon souvenir de vos relations, et entretenir périodiquement la flamme avec vos liens faibles et vos liens forts.

Rythmes

Début ou livraison d'un projet, lancement d'un produit, offre de nouveaux services, dates ou chiffres clés : 10 ans, 50 magasins, 100 km, nouvel album, reportage original... Cette ritualisation des étapes de la vie professionnelle est un bon moyen d'échapper à la dictature du quotidien : un dossier chasse l'autre, un projet démarre avant que le précédent ne soit terminé, etc. Originale et active, cette démarche crée souvent la surprise. En marquant les phases, vous mettez les réalisations en exergue, et vous montrez ainsi l'importance que vous donnez au travail fait en commun, vous saluez la contribution de chacun. Vous accordez ainsi de la valeur aux réseaux que vous animez autour de vous en fournissant de bonnes raisons d'y appartenir.

Thématiques

Il s'agit là d'une démarche plus active encore, où vous définissez vous-même les raisons qui vous amènent à inviter un nombre important de personnes, la date, le lieu, le type d'animation, etc., sans que cela soit en rapport direct avec une période clé ou une phase précise de votre activité. La particularité est ici intimement liée à l'originalité, la créativité, la nouveauté, la pertinence dans une démarche plus générale de différenciation, en liaison avec des messages forts que vous diffusez sur vous à cette occasion.

Outre les objectifs assignés à cet événement, sa réalisation aura plusieurs vertus.

Passer un message

Le premier objectif de ces animations sera de délivrer un message qui vous concerne au premier chef, et de lui donner toute sa force en le démultipliant. Vous montrez votre capacité à animer les réseaux en proposant des rencontres régulières, en vous mettant en avant à des moments opportuns. Vous valorisez votre créativité en lançant un événement qui la sublime : rencontre avec un créateur, performance artistique, exposition, etc. Vous célébrez votre excellence (eh oui, pourquoi pas…) ou celle que vous prônez en initiant des opérations dédiées habituellement à des publics plus recherchés : dégustation de vins ou de produits gastronomiques, visite de lieux remarquables, dédicace de livres, etc. En vivant une expérience de la plus simple à la plus sophistiquée, les participants vont apprécier d'y avoir été conviés, et recevront d'autant plus aisément le message associé.

Fédérer

L'objectif du message lui-même détermine la base fédératrice de l'événement, autrement dit les personnes qui seront invitées : clients, fournisseurs, relations professionnelles, membres d'un réseau, groupe d'intérêt commun, médias ; tous seront présents pour la même raison. Il est possible de croiser plusieurs réseaux, sous réserve qu'ils se retrouvent sur un thème commun, en dehors de la connaissance partagée de la puissance invitante. Plus les raisons sont multiples, plus le risque de dilution menace, faisant perdre de sa force à l'opération et gâchant l'énergie déployée.

Animer

Le contenu de la manifestation ménagera divers temps forts : invitations, accueil, présentation de l'événement, participation, temps ménagé par la discussion, l'échange libre, le réseautage. La bonne organisation et le rythme de l'événement seront autant mis au crédit de l'organisateur que l'originalité des contenus. Le monde virtuel offre également des occasions : si vous animez des communautés virtuelles, vous aurez à cœur de les faire vibrer périodiquement grâce à des opérations qui marqueront la spécificité de votre approche, votre personnalité, vos expertises – chat avec une personnalité, blog sur une opération forte que l'on fait partager en avant-première avec son réseau, concours avec récompense, vidéo sensation, exclusivité des pages d'un livre qu'on écrit, etc.

Concentrer ses efforts

Créer un événement revient à mettre toutes ses forces sur une opération ponctuelle. Cela peut paraître risqué et même rebutant, si l'on songe aux moyens qu'il faudra mettre en œuvre. En réalité, tout est une question de dosage. À partir du moment où l'on décide d'organiser un événement, il est possible d'aller assez loin sans pour autant perdre le sens des proportions : la créativité fera le reste. Et puis, le montage d'un événement est en soi un projet : le penser, en assumer la gestion, le mener jusqu'au bout, mettre toutes les chances de son côté pour en faire un succès, tout cela donne une très bonne expérience. Si vous décidez, de loin en loin, de renouveler l'opération, au rythme du développement de votre marque personnelle, vous aurez l'avantage de l'expertise acquise.

Le rituel des vœux

« Bonne année ! » Votre marque personnelle a-t-elle quelque chose à gagner à se couler dans l'une de ces figures imposées de la vie sociale où flotte comme un parfum de désuétude gentillette ? Oui, pour une bonne et simple raison : il n'arrive pas si souvent qu'on puisse s'adresser en même temps à tous ses amis et relations, clients, fournisseurs, sans autre motivation que de leur accorder une attention. Les vœux sont l'occasion de faire le point, de se rappeler au bon souvenir, de donner de ses nouvelles, de refaire surface après une longue absence radio… Peut-être est-ce le bon moment pour faire le tri parmi ses contacts, pour réserver les mots personnalisés à ceux avec lesquels il se passe quelque chose de particulier. Et c'est aussi l'occasion de poser quelques jalons pour les grands rendez-vous de l'année à venir.

Personnaliser

L'originalité et le relationnel sont dans le même bateau : si cela se résume simplement à « Meilleurs vœux », il est peut-être inutile d'investir dans l'achat et l'envoi de cartes postales réelles ou virtuelles… Veillez à ne pas tomber dans la froideur et l'impersonnel. L'essentiel est que les destinataires détectent une intention de faire plaisir (qualité de l'image, recherche du support, intérêt ou humour du contenu, personnalisation du message...). Pas plus, mais pas moins.

Attention aux dates : les Anglo-Saxons, par exemple, les envoient bien avant le Jour de l'an, les Français après. Mais poster ses vœux fin janvier n'a aucun intérêt et montre bien qu'on considère ça comme une corvée. Autant passer son tour : cela n'est pas dramatique, sous réserve que vous répondiez au moins à ceux qu'on vous envoie. Et puis la technologie offre toujours de multiples possibilités (envoi collectif, liens, animations...) pour faciliter et dynamiser cette opération.

La diplomatie du déjeuner

C'est un échange hors du temps. Pour ceux qui sacrifient volontiers à cet exercice, le restaurant est le cadre idéal pour affirmer et consolider sa marque. Car vous entrez alors sur une scène qui laissera plus de place aux émotions. Nous sortons du bureau, des salles de réunion, qui manquent de chaleur et d'intimité. Le besoin naturel de manger se mue en une succession de petits plaisirs à partager entre connaisseurs, qui vont nous mettre en confiance mutuellement.

Le plaisir des yeux, d'abord. Le cadre de ce restaurant vous plaît, il rassure, étonne, enchante, surprend… Il est important de s'y sentir bien. Soit parce que vous l'avez choisi pour cela, et donc, vous en êtes légitimement fier. Soit parce que la personne qui déjeune en votre compagnie l'a fait pour vous, et que vous êtes sensible à cette attention.

Prendre le temps d'installer la relation

À nous deux, maintenant. Vous allez entremêler la discussion avec votre convive avec l'arrivée et la dégustation des plats et des boissons. Votre rythme sera le sien, mais c'est vous qui menez la danse. Naturellement. Vous avez du temps devant vous. Rien ne presse. Il y a trois actes à la pièce dont vous assurez la mise en scène. Mais le dénouement est toujours placé à la fin. Au premier acte, après la commande, on présente les protagonistes : qui je suis, d'où je viens, sur quoi je travaille, ce que je veux faire. Votre convive fait de même. Vous l'écoutez. Vous regardez sans rien perdre du spectacle. Voir son client ou son prestataire en vrai, le voir céder à la gourmandise, regarder ses yeux, ses mouvements, enfin, de près, en face. Avez-vous vraiment envie de travailler avec elle, avec lui ? Ce moment de partage est une occasion unique. On parle réseau, on se donne des nouvelles des contacts communs, on badine…

Entrer dans le vif du sujet

Au deuxième acte, le plat de résistance est passé. Vous commencez à faire bouger les choses. Nous sommes ici ? Et si nous allions là ? Vous avez cela ? Que diriez-vous de ceci ? Pourquoi n'essayez-vous pas cela ? C'est d'ailleurs le but de notre rencontre. En parler avant aurait été prématuré. Pour autant, le temps long sublime la qualité du résultat.

L'imagination se déploie plus à son aise sur un terrain nouveau, apaisée par nos sens comblés et la chaleur des bons mots échangés. Pendant ce temps, en effet, une autre scène se joue. Le plaisir des impressions gustatives, du partage d'un repas, calés devant une belle nappe blanche et des couverts en argent, ou bien épaule contre épaule, sur le simple coin de table d'une sandwicherie. La lumière qui danse dans un verre de vin. Une coulée de gouttes sur la buée d'une bière ou d'un Coca Zéro. Un je ne sais quoi de chaleureux qui émane des conversations alentour. Un service attentionné qui libère vos inhibitions. Tout se conjugue pour soulever doucement la conversation et l'emmener vers des rivages nouveaux. Nous parlons différemment. Nous tutoyons l'intimité de l'autre et la relation se bonifie.

Passer à l'action

Le dernier acte approche, à votre main. Le temps passe, s'écoule, le sujet qui vous tient à cœur est là, comme gardé au chaud. Jamais trop tôt, jamais avant. Le dessert ? Le café ? La proximité de cette parenthèse magique fait s'accélérer le mouvement. C'est maintenant qu'il faut parler affaires. Oui, il faut faire ceci. Oui, il faut appeler celui-là. Oui, nous nous reverrons pour passer à cette autre étape. Oui, vous pouvez l'appeler de ma part. Oui, ça serait bien que vous me fassiez cette proposition. Oui, je l'attends pour demain, pour mon retour. Oui, un e-mail, ce serait bien. Oui, nous sommes d'accord. Ne pas rater cette phase, ni les étapes suivantes. C'est à cela qu'on voit qu'un déjeuner est réussi.

Savoir s'adapter

Parfois, entre les actes, au beau milieu ou à la fin, surgit l'improvisation. Votre partenaire a oublié son texte ou le surjoue. Une péripétie vous oblige à donner votre avis alors que vous n'êtes pas expert. Vous sentez passer une aspérité qui vous plaît, alors qu'elle n'était pas prévue. Dans tous les cas, vous devez improviser, c'est-à-dire sortir de votre texte, donner la réplique sur un scénario inconnu. Pas de panique : laissez la réponse venir. Car vous avez le temps de réfléchir, et des éléments de plaisir à portée de main (verre, plat…) pour vous donner une contenance ou vous aider à rassembler vos idées. La répartie viendra naturellement. Laissez-vous guider par votre instinct, par votre intuition : vous êtes au bon moment, au bon endroit, dans les bonnes conditions pour lui lâcher la bride.

Le déjeuner est une négociation diplomatique. Il a ses rites, les vôtres, ceux de votre invité(e). Il a son but. Il a son lieu, minutieusement choisi pour aller sur le terrain de l'un et de l'autre. Il a son temps, une certaine lenteur (une heure à une heure trente) qui fait tout son charme et toute son efficacité. Il faut, pour aborder cette *terra incognita* à la limite de l'intime et du public, faire sien le *festina lente* (« Hâte-toi lentement ») ou le *carpe diem* (littéralement : « Cueille le jour ») de notre philosophie. Votre marque y gagne ses lettres de noblesse. Elle utilise ce ballet sensible pour pénétrer des rivages nouveaux, aux frontières de nos habitudes sociales et de nos sens archaïques.

Des mots pour chacun

« Parler pour ne rien dire et ne rien dire pour parler sont les deux principes majeurs de ceux qui feraient bien de la fermer avant de l'ouvrir. »

Pierre Dac

Comment nouer rapidement des contacts professionnels, trouver son chemin dans la foule des anonymes, « briser la glace » avec élégance et cultiver les relations... ? Ce talent particulier qui se conjugue avec l'art d'être à l'aise en société, vous devez le développer si vous voulez permettre à votre marque personnelle de croître et d'embellir. Les opportunités de rencontres existent, notamment tous ces événements qui rassemblent les réseaux à un moment donné : soirées, fêtes, inaugurations, vernissages, conventions, etc. Ces occasions, il faut les saisir pour étoffer ou entretenir son réseau relationnel. En effet, le contact doit exister avant qu'on en ait besoin. Il ne suffit pas d'accumuler des dizaines de cartes de visite et de se connecter avec des centaines d'amis sur les réseaux sociaux : à un moment donné, il faut avoir rencontré celles et ceux avec qui on est susceptible de développer des affaires, des projets, des partenariats... Et cette rencontre se construit souvent sur de premiers échanges très basiques.

Les conversations informelles, les discussions à bâtons rompus, les présentations rapides, les petites infos sans importance, la dernière blague qui circule, la petite rumeur du jour qui agite le réseau… Certains adorent se prêter à ce genre de « *small talk* », comme disent les Anglo-Saxons. D'autres s'y sentent moins à l'aise. Mais c'est un passage obligé, et il importe de bien s'approprier le « *schmoozing* » qu'il faut pratiquer à cette occasion. À cet égard, rendons hommage à Guy Kawasaki, blogueur et PDG de Garage Technology Ventures, qui a popularisé ce mot d'origine hébraïque et qui en a théorisé les grands principes, dont quatre au moins illustrent ce propos.

Vous êtes là pour une bonne raison

Que l'on goûte ou pas l'exercice, la première règle pour participer avec aisance à un événement et en tirer le meilleur profit, c'est de le faire pour une bonne raison. Vous souhaitez vous rendre à cette soirée ou vous participez à ce cocktail pour rencontrer telle ou telle personne, pour faire passer tel message auprès d'un groupe, pour mettre en relation Untel avec Untel, pour parler d'un projet avec un contact susceptible d'y jouer un rôle, pour se faire une idée d'un nouveau réseau, sentir l'ambiance, etc. On peut y ajouter (mais cela va sans dire) le simple plaisir de revoir ses amis, ses relations, de se changer les idées, de prendre l'air…

D'abord écouter

La deuxième règle tient à la qualité des échanges multiples que vous allez initier dans ce cadre. Partant du principe que les gens ont une envie folle qu'on les écoute, il est cent fois plus utile de poser de bonnes questions aux personnes avec qui on engage la conversation que de se lancer dans des monologues qui agacent rapidement nos interlocuteurs. Ceux-ci seront sensibles à la précision des questions, à leur pertinence, sublimant en quelque sorte leur intelligence, et à la capacité d'écoute que vous allez démontrer à cette occasion. On en apprend beaucoup plus sur les autres en les laissant parler : si vous voulez savoir en quoi ils peuvent vous être utiles, il faut laisser s'installer la confiance et faire en sorte que vos contacts se sentent valorisés par votre conversation. Les discussions sérieuses viendront plus tard, en leur temps. Cela suppose bien évidemment une certaine empathie : vous aimez le contact, pas simplement pour faire des affaires, mais parce que vous vous intéressez aux autres. On peut posséder cela dans son bagage dès le départ. Ceux qui en manquent ou qui se sentent un peu dépourvus dans ce domaine n'ont pas d'inquiétude à avoir. Cela s'apprend, et les bienfaits qu'on en retire incitent rapidement à se doter de cette seconde nature relationnelle.

Se faire remarquer sur un point

La troisième règle tient au contenu de vos propres interventions. En dehors des questions utiles que vous pouvez poser, vous devez mettre en avant un aspect de votre personnalité, une caractéristique majeure, une passion qui vous différencie du commun des mortels (qui en ont, bien sûr, mais qui ne savent pas forcément en parler de manière à la rendre compréhensible, voire à la faire partager), ou même simplement faire partager une information qui a une certaine importance par sa fraîcheur, sa nouveauté, etc. Se tenir au courant de ce qui se passe et disposer d'une bonne culture générale sera très utile pour une conversation riche, et enrichie encore par la qualité de l'échange que nous menons à ce moment-là. Il peut arriver de rencontrer des gens parmi lesquels vous parvenez vite à distinguer ceux qui partagent vos passions (la poésie, les échecs, le vin, les voyages, la collection de vieux postes de radio, la bande dessinée...), et à qui vous apportez dans la conversation votre connaissance du sujet. Ce sera d'autant plus aisé par la suite de vous rappeler à leur bon souvenir, en évoquant ce qui suscite votre intérêt mutuel et qui, en fin de compte, va vous rapprocher.

Donner suite

La quatrième règle est la rapidité du suivi donné à ces échanges. Il ne sert à rien de collecter des tas de contacts dans une soirée, puis de les laisser s'étioler au fil du temps. Un e-mail ou un coup de fil dans les deux ou trois jours sont indispensables auprès de ceux avec qui vous avez senti un intérêt, une affinité. Cela vaut dans les deux sens. Pour cela, le contact doit être facilité par la précision et la simplicité des coordonnées que vous échangez avec vos interlocuteurs d'un soir. E-mail professionnel, téléphone portable, adresse de blog… Avoir sous la main et bien mettre en avant ce qui permet de vous trouver rapidement est le meilleur moyen de vous rendre disponible pour vos interlocuteurs. Sans oublier les éléments de référence qui viennent à l'appui de la démarche. Autrement dit, outre la piqûre de rappel évoquée quelques lignes plus haut, la demande de connexion sur un réseau social ou l'envoi d'un lien vers votre site ou votre blog viennent soutenir votre discours et en renforcent la crédibilité, partant votre légitimité et la qualité de votre marque personnelle.

Donner et recevoir

La base du travail de réseau est vieille comme le monde, au point d'en être proverbiale : « Qui ne demande rien n'a rien. » Dit par les Anglo-Saxons, ça donne cette autre maxime : « *You don't ask? You don't get!* » En poussant la logique à l'absurde, pour être sûr que votre travail de réseau ne marchera pas, attachez-vous à ne rien lui demander. Et à ne rien lui donner en échange. En étant sérieux une minute, nous allons régler leurs comptes à vos modesties et autres coquetteries mal placées.

Savoir quoi demander

La règle en est toute simple : quelque chose qui va mettre l'interlocuteur dans une position favorable. Vous pouvez lui demander un bon conseil (c'est toujours valorisant), une recommandation (si vous avez fait la preuve de vos qualités, grâce à une marque personnelle solide, par exemple), une information de première main sur une organisation (si vous dites honnêtement à quoi cette information va vous servir), une façon de procéder (c'est un autre bon conseil). Pour éviter toute manipulation réciproque, soyez bien clair sur l'objectif et les attentes. Bannissez le double langage, les demandes à demi-mot, que l'autre est censé comprendre sans qu'en soit explicité le sens.

En tous les cas, évitez de demander quelque chose qui coûte ou qui, si votre interlocuteur n'est pas en mesure d'y répondre, risque de le mettre dans une position difficile : de l'argent, un emploi, une mission de prestation de services…

Savoir quoi donner

À l'inverse, il y a des choses que vous pouvez donner et d'autres non. Vous pouvez aider, conseiller, mettre en relation des gens qui le méritent, informer… En vous mettant dans cette situation, en faisant le compte de votre « potentiel de don », vous comprendrez comment fonctionnent ceux à qui vous demanderez un jour un coup de pouce. C'est toujours éclairant. L'échange ne sera pas forcément égal. Cela n'a aucune espèce d'importance. L'important est que la personne sollicitée se sente, au final, valorisée.

Remercier

Pensez surtout à remercier et à tenir au courant vos contacts des résultats de l'action demandée, qu'ils en soient ou non les responsables. Intuitivement, ils vont comprendre que la boucle est bouclée, que vous avez fait ce qu'il fallait faire. Et ils en auront compris les règles. Quand ils vous solliciteront à leur tour, ils sauront quoi vous demander. Et ils vous remercieront si le résultat est positif. Au fond, la meilleure façon de faire du réseau au service de votre marque personnelle, c'est de demander des choses raisonnables et d'en donner en retour. Et d'apprendre ainsi aux autres comment ça marche.

ÉTAPE 6
APPRIVOISER LE VIRTUEL

Le virtuel pour les nuls

Diffusion élargie, accès direct, multiplicité des canaux, instantanéité... La notoriété, l'image, la réputation, a fortiori la communication sur votre marque personnelle, passent aujourd'hui forcément par Internet. Les avantages du passage sur la Toile sont légion. Ses inconvénients aussi, répondent en écho les sceptiques. Reste donc à surmonter ses petites ou grosses inquiétudes, et à monter en puissance en apprivoisant le virtuel sans s'y perdre.

Ne vous laissez pas impressionner, ni par les petits génies de l'informatique, qui vous parlent à dessein un langage que vous ne comprenez pas, ni par les pros du marketing tous azimuts, qui ne raisonnent qu'en termes de cibles, de marchés et de gains virtuels. Une pratique raisonnée mais résolue de l'Internet donnera à votre marque personnelle la nouvelle dimension dont elle a besoin.

Gérer la confidentialité

S'inscrire à des réseaux impose de rendre publiques des informations personnelles (coordonnées, parcours, photos...), ce qui peut nous faire hésiter. D'un côté, on peut accéder à un grand nombre de personnes ; de l'autre, il faut jouer le jeu et accepter de mutualiser les informations nécessaires à la mise en relation et à la gestion des comptes. La facilité avec laquelle on peut stocker en ligne des images (Flickr), du son (SoundCloud), des vidéos (YouTube) qui nous concernent, finit par diluer et réduire notre espace privé, introduisant même un certain risque de dépendance, voire un déséquilibre à nos dépens.

Login, mot de passe, achat, acceptation des conditions de vente : nous laissons partout des traces, des empreintes numériques, qu'il est facile de suivre pour remonter à nous, tel un Sherlock Holmes des temps modernes. La naïveté n'est pas de mise : les grands réseaux sont tout sauf des philanthropes. Ils veulent faire du business et se révèlent parfois dépendants d'organismes, de directives ou de courants philosophiques ou politiques bien éloignés des valeurs de convivialité et d'échange prônées à l'envi. Mais vous pouvez régler le niveau de confidentialité, comme le curseur d'un appareil de mesure. C'est vous qui êtes à la manœuvre, pour limiter l'accès à votre profil, éviter de déléguer la totalité de la gestion d'informations personnelles, ne pas vous laisser abuser par les cases à cocher ou à décocher, vérifier qui peut accéder aux données que vous publiez… À chaque fois, posez-vous la question : « Quel risque suis-je en train de courir ? » On peut être très présent sur le réseau et maîtriser ce risque, du moment que l'on comprend bien les enjeux. S'il n'est pas gênant de rendre public son parcours scolaire, est-il opportun de publier les photos des fêtes qui ont suivi l'obtention de ses diplômes ? C'est à vous de voir, et de prendre la décision en toute connaissance de cause. Mais personne ne doit choisir à votre place, par défaut notamment.

Se documenter

La lecture de quelques articles de la presse spécialisée, une discussion avec certains experts, et surtout un niveau de pratique suffisant sont indispensables pour mettre en phase votre niveau de confidentialité avec vos propres exigences, le faire évoluer avec le temps, revenir sur ce qui vous paraît finalement trop risqué ou donnant trop de prise sur votre vie personnelle, voire sur votre intimité.

Pratiquer, pratiquer

Internet nécessite une expertise qui s'acquiert avec le temps. On ne peut plus se limiter à envoyer et recevoir des e-mails. Il faut prendre l'habitude d'aller chercher de l'information, de naviguer sur les sites, de faire partie de quelques réseaux sociaux, de publier de l'actualité de façon autonome… Ce qui permettra d'éviter le second écueil : la technologie. Le niveau s'est élevé, effectivement, au point de couper ceux qui maîtrisent l'outil de ceux qui en sont encore aux balbutiements, et qui sont menacés de rester sur le bord de la route. Rien de bien compliqué pourtant, là-dedans. Quelques heures sur MSN ou Skype réconcilient définitivement avec ses relations éloignées, au sens propre (amis ou famille à l'étranger) ou au sens figuré (des enfants nés avec un ordinateur entre les mains en panne de dialogue avec leurs parents déboussolés par le langage et la pratique de ces outils), et permettent de reprendre la main.

Créer un profil dans un réseau social à la mode avec quelques applications ludiques à la clé, cela donne l'opportunité d'approcher des réseaux plus complexes, des communautés virtuelles au fonctionnement plus recherché. Publier des photos sur des sites de partage permet d'apprendre le transfert de fichiers. Surfer à l'occasion sur les sites d'enchères (eBay) ou sur les sites de vente (vente-privee.com et consorts) permet de bien maîtriser les processus d'inscription aux réseaux, la publication d'informations, les échanges avec les autres internautes...

Au fond, c'est un peu comme s'installer au volant d'une nouvelle voiture. Au début, on regrette l'ancienne, ses manettes désuètes, ses cuirs blanchis, son électronique balbutiante. On est perdu dans les écrans digitaux. Quelque temps plus tard, on ne peut plus s'en passer... jusqu'au véhicule suivant. Aujourd'hui, nous pouvons être sceptiques sur notre capacité à nous approprier ces nouveaux outils. Demain, nous chargerons images et applications depuis notre iPhone sans même nous souvenir de l'étape précédente.

Maîtriser son temps

Le temps passé sur ces outils en inquiète plus d'un. Temps pour apprendre, temps consommé ensuite lors de l'utilisation… au détriment supposé d'activités plus satisfaisantes intellectuellement ou plus concrètes, plus en contact avec la vraie vie. Une certaine forme de futilité – ou vécue comme telle – à l'épreuve des valeurs dites sûres… Comme toute nouvelle pratique, la montée en expertise prend un peu de temps. C'est un investissement sur l'avenir, à la fois sur soi, sur sa marque personnelle, et d'une façon générale sur la pratique de l'Internet, dont les applications sont toujours aussi prometteuses et modifient radicalement les habitudes de travail et l'organisation des entreprises. Ensuite, l'utilisation quotidienne en sera ce que vous voudrez en faire. Vous pourrez passer par une phase d'addiction, avant de revenir à une utilisation plus raisonnable. Vous pouvez tout aussi bien vous caler très vite sur la pratique qui vous ressemble, et dont vous percevrez rapidement la valeur ajoutée à retirer : gain de temps sur la diffusion d'informations, simplicité dans l'envoi de données, rapidité d'accès à des personnes supposées injoignables, élargissement des réseaux, etc.

Pro ou perso, faut-il choisir ?

« Dis donc, tu savais qu'on nous voit dans notre jardin quand on se place ici ? Il faudrait planter d'autres thuyas. » Comme les limites d'une propriété, les frontières entre vie privée et vie professionnelle se construisent, se contrôlent, se complètent, se déplacent à notre guise. La généralisation du téléphone portable a bouleversé les façons de travailler en entreprise, les modes de communication entre les individus, mais aussi les comportements et les usages tolérés dans l'espace public. Ajouté à l'ordinateur fixe, puis portable, avec ses multiples fonctionnalités (bureautique, Internet, vidéo, radio, information…), voire se fondant avec lui, il fragmente le temps de travail et colonise le temps privé.

Mais des barrières invisibles sont maintenues : à partir de quelle heure du soir est-il inconvenant de recevoir un appel professionnel ? Est-il déplacé de maintenir le contact avec sa messagerie quand on est en vacances ? Peut-on appeler pour des motifs personnels quand on est au travail ? Les Américains ne régleront jamais un tel problème (réserver un hôtel pour les vacances, commander un billet d'avion…) en utilisant leur téléphone professionnel depuis leur *cubicle*… Ce qui ne posera aucun cas de conscience éthique à un Français, hormis celui de ne pas se faire remarquer par son supérieur hiérarchique…

L'évolution ne s'arrête pas là. *Quid* de la frontière entre vie privée et vie publique ? Ce qui est considéré comme strictement intime, personnel, privé, et qui n'est donc pas ouvert à tout public, englobe la vie familiale, sociale, culturelle. Le public, c'est le reste, tout ce que vous laissez en accès direct au premier quidam venu. En principe : car le développement de l'Internet a de nouveau brouillé les cartes. Ainsi, vous pouvez publier des photos, des vidéos, des textes sur la Toile pour les partager avec vos amis. Mais qui sont vos amis ? Vos intimes ? Les gens que vous connaissez très bien ? Bien ? Assez bien ? La navigation à travers l'espace public et privé de chacun est désormais chose facile, si l'on n'y prend pas garde.

D'ailleurs, où vont certains employeurs pour mieux connaître les personnes qui veulent intégrer leur entreprise ? Sur Google, Yahoo, Facebook et autres LinkedIn, suivant la piste de notre fameuse trace numérique. Les outils ne nous aident pas à clarifier les choses. La frontière entre réseaux de sociabilité personnelle (Meetic…) et réseaux de mise en relation professionnelle (LinkedIn, Viadeo) a été effacée avec la montée en puissance de Facebook, qui joue sur les deux tableaux et qui s'ouvre aux applications aussi bien personnelles (goûts, centres d'intérêt, rencontres, chat…) que professionnelles (profil, groupes, communication, etc.). La rigueur de la présentation des parcours, des expériences, le sérieux des mentions universitaires, tout cela est un peu ennuyeux, et nous avons tous envie d'en savoir plus, de trouver un peu de légèreté, voire du ludique... Au fond, est-ce que c'est si grave ?

Car si les limites entre nos sphères publique, privée et professionnelle s'estompent, elles peuvent se reconstituer ailleurs, dans d'autres dimensions, selon d'autres codes, et selon un principe simple : « J'utilise la technologie autant pour me connecter que pour m'isoler. » Votre pudeur personnelle vous commande en effet de soustraire à la vision des autres certains de vos actes, certaines de vos représentations, voire certaines idées, en utilisant tous les moyens à votre disposition. Pour cela, il faut se plonger dans les outils de gestion de ces sites pour amener les curseurs de vie privée aux bons endroits. Ce qui est tout sauf évident. Ce réglage privé/public et pro/perso est le résultat d'un acte réfléchi : vous managez votre marque personnelle en déterminant à chaque fois ce qui est de l'ordre du personnel et ce qui construit la dimension professionnelle, ce que vous pouvez laisser publier sans risque sur votre compte, et ce qui ne regarde personne d'autre que vous et vos intimes. Ne laissez pas les autres (les sites, les réseaux sociaux, etc.), ni le hasard ou la nécessité décréter ce qui doit être public et ce qui peut demeurer privé. La connaissance minimale des enjeux, la manipulation pratique des applications, voilà deux bons moyens de ne pas s'en laisser compter. Ce qui, au final, peut se traduire par une grande ouverture, en phase avec la franchise qui sied à toute bonne communication sur soi.

Votre réputation vous précède

« Au village, sans prétention, j'ai mauvaise réputation », chantait, ironique, le poète Georges Brassens. Dans le village mondial, ma réputation est-elle bonne ou mauvaise ? La réputation renvoie à la renommée, l'estime, l'opinion que le public peut avoir d'une personne. Car derrière « réputation » se cache un autre mot dont il tire son origine latine : « évaluation ». Évaluer, donc estimer une chose en lui donnant un prix, une valeur, une quantité, une durée…

La présence sur les réseaux sociaux, dans les communautés virtuelles et, d'une façon générale, sur Internet, va jouer un rôle d'amplification sur la réputation, bonne ou mauvaise. Mais ce que les gens disent ou pensent de vous avant même que vous soyez présent sur la Toile ne s'y dupliquera pas automatiquement. Certes, même sans rien faire, des éléments traînent déjà, ici ou là. C'est une expérience à tenter, d'ailleurs, avant de devenir plus actif sur Internet : taper ses « prénom nom » (sans omettre les guillemets avant et après) dans un moteur de recherche, voir le résultat… et s'étonner de ce résultat : à quelle fréquence votre nom apparaît-il, où, qui parle de vous, quel réseau conserve vos coordonnées, même anciennes, quelles traces subsistent de vos différentes activités, etc.

Il faudra une action, consciente, volontaire, pour que votre réputation numérique complète votre réputation physique, réelle (autrement dit se rattachant à la réalité, ce qui ne veut pas dire qu'elle ait plus de valeur, les réputations pouvant se créer aussi sur Internet…). Cette dernière vous précède sur Internet : à charge pour vous de la faire coïncider, de donner plus d'ampleur à certains aspects, etc. ; dans une certaine mesure aussi de la corriger. Comment ? Rien de plus simple.

Regarder la situation actuelle

Faites une recherche sur votre prénom et votre nom, associés ensemble, sur Internet. Faites des copies d'écran des résultats et conservez-les précieusement. Faites également des recherches sur votre domaine d'expertise (conseil, transport, beauté, coaching, chef de projet, etc.) et voyez si on vous trouve dans les résultats. Sinon, notez-le. Si oui, gardez des copies des pages de résultats, en notant les numéros de résultats où vous apparaissez. Puis mettez en œuvre les actions qui suivent et revenez voir les résultats de recherche et comparez aux premiers résultats obtenus.

Créer des profils en ligne

Finis les CV multiples, les présentations exhaustives. Un simple profil sur un blog ou dans un réseau social de référence suffira : LinkedIn, Twitter, Facebook, Viadeo, etc. Il faut donc faire preuve d'esprit de synthèse, sans occulter l'essentiel. Si votre vie professionnelle tient en quelques lignes, autant qu'elles soient justes, franches, sincères et en accord avec ce que vous êtes. C'est le point central de votre présentation, vers lequel tout converge. Passez donc un peu de temps à mettre en forme cette description, qui ne va pas bouger tous les quatre matins. Il ne faudra ensuite la mettre à jour que dans le cas d'événements importants. Et pouvoir la compléter avec les deux types d'éléments qui suivent.

Publier...

Les publications (liens, notes, articles, etc.) viennent corroborer vos dires. La réputation est à ce prix. Un bon exemple à retenir est celui de Wikipédia : non seulement il faut donner des sources à l'appui de ce qu'on avance, mais ces sources elles-mêmes doivent être vérifiables. Être persuadé de détenir une vérité ne suffit pas. Quand on affirme quelque chose sur soi, il faut se poser ce genre de question : « Quelles preuves puis-je donner de mon parcours, de mon projet, de mes réussites, de mes échecs ? » Les gens ne sont pas censés vous croire sur parole. Vous avez travaillé pour une société ? Un lien vers le site ou vers le type d'activité exercé est intéressant à activer. Vous écrivez des articles : postez des liens vers vos articles ou mettez en ligne des PDF de vos publications. Vous êtes diplômé d'une école ? Un lien vers le site des anciens élèves devrait permettre de vous retrouver facilement : une photo de classe, la liste d'une promotion, etc. Le croisement des sources doit être possible, ne serait-ce que pour repérer les incohérences.

Notez aussi que dans certains métiers (journalisme, politique, recherche, barreau...), la publication de documents est indispensable et représentative en soi de l'activité elle-même. La fréquence et la qualité de ces publications sont des éléments indispensables de la réputation. Autant en prendre compte, et les présenter le plus facilement possible, en mettant en place des mises à jour automatiques : par exemple, votre blog alimente automatiquement votre profil et le met à jour dès que vous mettez en ligne un nouvel article.

Donner des références

Vos contacts parlent pour vous. Le fait d'avoir, dans ses contacts, un certain nombre de personnes représentatives des activités dans lesquelles on exerce ou on a exercé, est une façon de montrer la qualité des informations qu'on distille sur son parcours et sur soi. En plus de ces références, les Anglo-Saxons poussent la logique un peu plus loin et proposent souvent des *endorsements*, sorte de témoignages de leurs collègues passés ou présents, qui donnent ainsi leur avis, leur approbation sur les qualités professionnelles de la personne qui les sollicite. L'exercice est un peu formel, mais il a le mérite de constituer un élément d'appréciation tangible de la réputation. Un bon dosage de ces références et témoignages, avec des textes courts et bien tournés, issus en quelque sorte du fond du cœur, donne un premier point de vue, qu'on pourra étoffer par d'autres recherches. Quoi que vous fassiez, cependant, une bonne partie de votre réputation sera portée par d'autres personnes, d'autres organismes, d'autres sociétés, d'autres sites Internet, et sur lesquels vous n'avez pas forcément prise. Mais l'avantage d'avoir quelques outils à sa disposition est évident : pour ne pas se laisser déborder, pour pouvoir répondre quand on se sent menacé, pour alimenter cette réputation, pour la corriger. Dans toute la mesure du possible.

Un groupe et vous au milieu

On l'a vu, le succès des réseaux sociaux est basé sur une sorte de loi des grands nombres : vous pouvez facilement entrer en relation avec de nouvelles personnes, partager l'information avec un public élargi, avoir accès aux contacts de vos contacts, etc. La masse des personnes brassée est conséquente : les amis des amis de vos amis sont aussi vos amis, et ça finit par faire beaucoup. La foule s'amasse, se délite, se reforme plus loin, réagit tel un banc de poissons, au gré des impulsions extérieures. Ses dimensions, souvent impressionnantes, inquiètent toujours un peu. Pour vous rassurer, rapprochez-vous de communautés auxquelles vous appartenez, de tribus dont vous vous sentez proche, de groupes à votre mesure, de collectivités à dimension plus humaine.

Créer des groupes

La dynamique est identitaire : on veut à la fois se différencier des autres et se reconnaître, se fondre et se distinguer. La futilité et le badinage étant de mise dans les réseaux à la mode, les sujets de regroupements ne sont pas toujours sérieux. Sur Facebook, souvent en réaction à l'actualité, contre quelque chose (le mauvais temps, la mort d'une célébrité appréciée, la notoriété jugée usurpée d'une personnalité…), la création de ces groupes répond à l'envie de signaler sa présence et son appartenance, de réagir, de s'engager, mais sans grande prise de risque, et pour montrer en quoi on existe. Mais on peut aussi créer des groupes d'experts, de spécialistes, de mordus, de professionnels…

Animer des groupes

Le fait d'appartenir à un groupe demeure néanmoins une démarche passive, sans relief. Il en va tout autrement si vous décidez de créer vos propres groupes. La liste de vos contacts ou de vos connexions est le premier d'entre eux. Il y a votre famille (du moins ceux qui sont sur Internet…), vos amis proches, vos copains, vos relations professionnelles, des relations plus sophistiquées (célébrités, personnalités, personnages différents, etc.), ainsi qu'une kyrielle d'inconnus avec lesquels le hasard vous a mis en contact… La publication d'articles, de photos, de liens, l'échange de jeux, d'applications se font souvent avec des sous-groupes bien identifiés : ceux qui réagissent, qui commentent, qui alimentent le débat, qui s'indignent… On ne partage pas tout avec tout le monde, mais certaines choses avec les mêmes personnes. Si vous pouvez vous positionner en tête de réseau, c'est encore mieux. Informer, publier, partager le premier, c'est prendre l'ascendant sur le groupe. Le pouvoir appartient à celui ou celle qui diffuse l'information, jamais à celui ou celle qui garde. L'information conservée ne vaut rien, l'opinion sans tribune est morte. La répétition ou la redondance est tout aussi mortelle : il faut du neuf dans le débat, du récent dans l'information, de l'original dans la publication.

La création et l'animation de groupes permettent alors de développer son leadership et de préempter certains sujets à son profit. Sur Facebook, les groupes donnent une position stratégique pour gagner ou renforcer votre visibilité, alimenter et animer votre réseau, ainsi que beaucoup d'outils facilitant les pratiques qui y sont liées (envoyer des messages en nombre, annoncer des événements, donner des notations, proposer de devenir fan de…). Sur LinkedIn, les groupes offrent un moyen commode pour animer et développer vos contacts, discuter, poser des questions, à condition d'utiliser des outils associés (blogs, communautés virtuelles) pour compléter les fonctionnalités de ce réseau, qui sont plus limitées.

Une démarche stratégique consistera à vous positionner dans des groupes qui comptent. Une démarche de marketing personnel vous conduira à vous rapprocher de groupes sur lesquels votre marque personnelle déploie son halo, et à créer des groupes sur lesquels vous pouvez l'imprimer.

Rester en veille

Le virtuel est un monstre chronophage et intrusif, qui détruirait les couples, générerait l'addiction et limiterait les moments de retour au réel, au concret, au physique, au vivant. Les outils de communication creuseraient un gouffre infranchissable entre les personnes qui vivent dans la vie, la vraie, et celles qui la vivent en quelque sorte par procuration, recluses dans une abstraction hypnotique baignée par la lumière bleutée des écrans.

De fait, ces objets ont conquis une bonne partie de notre espace vital. Le téléphone sert à se réveiller, à se repérer dans le dédale des rues, à jouer, à acheter, à regarder des films, à communiquer par écrit, par photo ou par vidéoconférence interposée, à gérer son agenda, à lire des fichiers, à écouter de la musique… L'ordinateur ressemble à un poste de télévision, qui permet aussi de téléphoner, de surfer sur Internet, d'écouter de la musique, de télécharger des vidéos gourmandes en mémoire, de préparer son voyage, avant de partir et sur place, de faire les soldes privées sans discontinuer…

Nous restons connectés, nous surveillons le portable du coin de l'œil. Travaillons-nous plus longtemps ? Pas si sûr. Tout se passe comme si notre temps s'était fragmenté. Ce qui tenait auparavant en huit ou neuf heures, d'un seul tenant, s'est maintenant divisé en de multiples unités de temps. Le temps personnel, le temps ludique se sont glissés dans les interstices : avant de passer à autre chose, nous pianotons sur le clavier, de façon presque machinale. Sans but, nous guettons, nous humons. Nous nous distrayons.

La journée se résumait avant à un temps compris entre l'arrivée au travail, les pauses et le départ du travail. Quel sens cela a-t-il de venir au bureau maintenant si vous avez pu régler votre dossier de la journée avant de venir ? Est-il important d'être physiquement présent si la prise de décision n'obéit plus à des critères géographiques, si la présence simultanée des parties prenantes n'est plus indispensable ? La valeur ajoutée apportée à un dossier compte autant, sinon plus, que l'addition du traitement des tâches quotidiennes.

Immersion

La petite lumière rouge sur un appareil ménager indique le mode veille : vous êtes en mode veille, en permanence. Comme sous l'effet de la télécommande, vous pouvez réactiver votre présence sur le réseau à tout moment. La gestion de votre marque personnelle en occupera une partie, au fil de l'eau. Il est vital d'y consacrer un peu de temps, de faire avancer les choses sans à-coups, de ne pas reléguer ces actions au second plan, en tâche de fond qu'on finit par oublier. Cinq minutes, dix minutes par jour, une ou deux heures par semaine, un peu plus, un peu moins. Ce travail en immersion sur le réseau vous permet de sentir sa respiration, de voir les évolutions, d'avoir des nouvelles des autres. Régulièrement entretenue, votre marque personnelle vous en sera reconnaissante.

Créer son blog

S'il n'existait pas, il faudrait l'inventer : le blog est devenu un élément incontournable pour qui veut communiquer sur soi. Cet outil de publication autonome est idéal pour se mettre en scène ou mettre en scène ses sujets de prédilection. La variété des contenus est infinie : reportage *in situ*, journal intime, commentaire politique, critique littéraire, album photos, publications techniques, poésie, considérations diverses… et expériences professionnelles.

Son format est connu : une note qui chasse l'autre, des liens qui renvoient vers d'autres pages, d'autres sites, d'autres blogs… Le contenu peut être publié par le blogueur ou partagé, quand il s'agit de reprendre un texte déjà publié ailleurs ou une vidéo présente sur un site de partage (YouTube, Dailymotion). Et les systèmes d'abonnement et de gestion des flux permettent de récupérer automatiquement les nouveaux contenus qui apparaissent sur les sites ou sur les blogs. Plus besoin de naviguer d'un site à l'autre : on est averti d'un nouvel article en le recevant directement.

La simplicité de la publication est un atout extraordinaire : sitôt écrit, sitôt en ligne ! Des sociétés se sont spécialisées dans la gestion des contenus, faisant payer leurs prestations (TypePad), les proposant gratuitement en échange d'espaces publicitaires (Blogspot, Blogger, OverBlog, Skyrock…) ou offrant, toujours gratuitement, des services plus ou moins étendus, grâce au soutien permanent d'une puissante communauté de développeurs (WordPress).

Le blog, qui comporte beaucoup de liens, permet de se référencer très facilement sur les moteurs de recherche, pour que son contenu rencontre un minimum de public. C'est donc un outil clé pour mettre en avant sa marque personnelle.

Animer votre blog

Même s'il n'est pas éternel, un blog doit être nourri régulièrement pour susciter l'intérêt. Il faut avoir un ou plusieurs thèmes traités en priorité. Commencez par ce que vous connaissez, avant d'élargir à d'autres sujets. Publier une ou deux notes par semaine, plus si c'est possible, est indispensable pour ne pas disparaître régulièrement des écrans radars. Les notes peuvent être courtes ou longues, illustrées ou non… L'absence de règles ne signifie pas qu'il ne faut pas s'en donner : vous serez plus facilement repéré par votre public potentiel si vous vous obligez à lui proposer un cadre aisément identifiable, sur la forme comme sur le fond. Faites aussi un effort de mise en page, même si cela n'est pas toujours facile compte tenu des propriétés du blog. Publier ne veut pas dire uniquement écrire : vous pouvez publier un lien intéressant, signaler un autre blog, poster une vidéo, intégrer plusieurs liens sur une page pour monter une bibliographie… Les possibilités sont infinies.

Prendre la parole

La seule règle qui vaille est d'avoir quelque chose à dire. Le blog est intéressant, car on peut y tenter des expériences, tester des idées, voire susciter un débat ou des commentaires, donc avoir un retour sur ce qu'on écrit. Il n'est pas obligatoire de se spécialiser et de traiter systématiquement les mêmes thèmes. On peut rester centré sur son domaine, afin de se positionner en expert, avec le temps, ou au contraire jouer sur son côté éclectique. Et si la panne d'inspiration vous guette, pensez aux notes déjà présentes dans votre ordinateur ou sur vos étagères, qui peuvent utilement être publiées. Il faut aussi réfléchir, quand une idée vous traverse l'esprit, pour savoir si elle pourrait se bloguer ou pas : anecdote, scène vécue, réflexion intérieure… Sous réserve d'avoir un intérêt orienté vers son public.

Le blog permet aussi de se familiariser avec les outils du Web. La pratique quotidienne, le suivi, la lecture des autres blogs, l'observation de la diffusion d'information, l'initiation à quelques éléments de programmation simplifiée, sont autant d'éléments qui renforcent l'expertise dans ce domaine et votre expertise en général. Il permet enfin, et ce n'est pas le moindre de ses atouts, de traiter les sujets à votre manière : pratique, ludique, professionnelle… Celle que vous choisirez sera forcément la bonne !

ÉTAPE 7
CULTIVER SES ATOUTS

L'art du bien écouter

« La vérité sort de la bouche des enfants », dit l'adage. Mais sait-on l'écouter ? Ainsi, « j'ai mal à ma tête » ou « j'ai bobo à mon ventre » signifient que le bambin a vraiment mal à l'endroit qu'il évoque. S'il dit : « J'ai mal à la tête », un simple article à la place d'un adjectif possessif, et voilà une phrase plus adulte, à prendre avec davantage de circonspection. Ce petit détour par la pédiatrie est un exemple de décryptage de discours qu'on peut continuer à explorer avec des adultes. Votre marque personnelle se diffuse d'autant mieux qu'elle exprime, à bon droit, une image sincère d'écoute et d'empathie. Autant de choses qui s'apprennent et se cultivent.

Laisser l'autre s'exprimer

Vous regardez votre interlocuteur dans les yeux, vous ne croisez pas les bras, vous ne vous laissez pas distraire par l'environnement… Et même si vous les avez en tête, vous ne formulez pas de contraintes (temps, sujet, décision…), afin que votre interlocuteur puisse parler sans inquiétude. Vous le laissez s'exprimer sans lui couper la parole. De temps à autre, vous posez des questions qui ne ferment pas la conversation, des questions auxquelles on peut répondre à sa guise, surtout pas par oui ou par non, par un chiffre ou deux mots seulement. Des questions qui éclairent, qui résument, qui anticipent, qui analysent, qui précisent… et qui vous valorisent tous les deux.

Installer la confiance

Vous écoutez, et même, encore plus fort, vous ne parlez pas. Faites preuve d'empathie, laissez s'installer une neutralité bienveillante, appréciable, apaisante. L'objectif est d'établir la confiance, de faire en sorte que la personne en face de vous se sente comprise. Et qu'elle voie les choses différemment, que ce constat nouveau lui plaise également et qu'elle vous en soit ainsi reconnaissante.

Ne jouez pas un rôle en forçant votre nature. Sachez où vous voulez en venir, mais sachez aussi que vous pouvez gagner dix fois plus en écoutant deux fois plus. Bientôt, ce rôle joué d'abord à contre-emploi deviendra votre seconde nature : franche et sincère, l'écoute active est une façon d'être qui ne doit rien à la comédie ou aux faux-semblants. Elle fonctionne aussi lorsque l'on est face à un groupe : parler sans s'intéresser à la vibration de la salle, aux émotions qui flottent dans l'air, c'est risquer de ne pas entendre le message collectif qui vous entoure. Et le plus sûr moyen de passer à côté d'une bonne communication sur soi.

Ne pas répondre sans savoir de quoi on parle

Ainsi, si un adulte me dit : « Je ne me sens pas bien », « j'ai eu une mauvaise journée », « j'en ai assez de cette boîte », voilà des informations qui suscitent de multiples interprétations… et commandent une prudence de puma avant de répondre. Celle ou celui qui dit ça a-t-il ou a-t-elle besoin de votre avis ou de vos conseils médicaux avisés ? Rien n'est moins sûr. C'est peut-être dit simplement à titre d'information, sans appeler à commentaire… Avant de vous lancer dans un diagnostic forcément hasardeux, vous tenterez de comprendre la demande réelle.

Payer pour voir

Le moins que vous puissiez faire, c'est d'éviter de nier ce qu'on vous dit. Et d'éviter aussi de poser une série de questions, façon interrogatoire policier. Ça part d'un bon sentiment, mais cela va vite bloquer le « prévenu », qui ne devra plus son salut qu'au silence dans lequel il va se réfugier. La patience est bonne conseillère : on a le droit de ne pas comprendre tout de suite. Et vos interlocuteurs ne vont pas forcément droit au but, tournent autour du pot… La bienveillance est de rigueur : autant partir du postulat qu'on ne vous raconte pas d'histoires, autant aller dans le bon sens afin qu'en face, on se laisse aller à plus de confidences sur les raisons de son état, de son énervement ou de sa colère… Il s'agit de donner son temps (précieux), d'accorder son attention (comptée) en oubliant un instant tout le reste. Payer, en quelque sorte, mais payer pour voir, comme au poker. Le meilleur est à venir, pour un risque minime.

Écouter avec son corps

Les yeux comptent au même titre que les oreilles. Regarder pour comprendre, pour sentir le trouble, la nervosité, la froideur, jusqu'à toucher pour s'en assurer… Guettez les informations qui arrivent, mais aussi les émotions qui les accompagnent et qui, parfois, les contredisent ou les renforcent. De votre côté, laissez votre propre corps, par des gestes adéquats, exprimer votre attention et votre disponibilité.

Laisser du temps au temps

Écouter, c'est se concentrer, donc, et pour cela ne pas penser à ce qu'on va répondre. Ce serait une erreur, car on répond forcément à côté si on se distrait en préparant ses phrases, au risque de ne pas entendre ni comprendre la question. La réponse sera d'autant plus pertinente qu'on aura laissé l'autre vider son sac, tout son sac. Écouter est aussi une école de respect : prendre sur son temps pour laisser l'autre parler, ne pas l'interrompre, ne pas ramener les choses à soi, à des situations qu'on a vécues. C'est le moment de prendre sur soi pour différer son propos afin de laisser l'autre aller au bout du sien. De ne pas réagir exagérément non plus, en gérant calmement son émotion, même si ce qui est dit suscite bouleversement ou inquiétude.

Apprendre

Écouter, c'est enfin apprendre. Il y a des conversations longues qui ne nous font pas perdre notre temps. On gagne souvent à laisser les autres s'exprimer : ils disent des choses intéressantes et donnent des points de vue qui stimulent notre intellect et nous poussent à sortir de nos schémas de pensée habituels. Et il est souvent plus facile de rebondir sur les propos d'un interlocuteur que de soutenir une conversation à bout de bras.

Chaque conversation a sa dynamique, son économie, et passer son temps à écouter n'est pas non plus envisageable. C'est plus une prédisposition d'esprit, une culture personnelle, qui amène à réunir cet ensemble de qualités en une synthèse adaptée à chaque échange, avec plus ou moins d'ingrédients selon le profil de la situation. La réponse qui sera faite y gagnera une force indéniable.

L'intuition fait la différence

Finalement, la vie rêvée, c'est simple. Vous êtes confronté à des tas de situations, et vous jugez à chaque fois, rationnellement, quelle est la meilleure option à prendre. Blanc ou noir. À gauche ou à droite. On fait ce projet ou on ne le fait pas. Lui ou elle. La pluie ou le beau temps. La bourse ou la vie… Dans la vraie vie, la prise de décision n'est jamais aussi simple.

D'ailleurs, qu'y a-t-il à décider ? Et puis, est-on sûr que ce soit la juste décision, qu'on ne se trompe pas ? Il y a pourtant un élément qui vous donne la voie, à chaque fois. Au fond de vous, à cet instant, une petite lumière s'est allumée. Un pincement, une vague impression, une gêne, une émotion vous a saisi. Quelque chose d'indéfinissable et n'obéissant à aucune logique vient de vous indiquer que votre esprit sent les choses ou ne les sent pas. L'intuition gratte discrètement à la fenêtre, et s'arrête si vous n'y prêtez pas attention. Elle vous fait signe sans se pousser du col, elle tapote sur votre épaule doucement, sans insister.

Qu'est-ce qu'une intuition, au fond ? C'est un mode de connaissance comme un autre, dont le sens signifie « voir à l'intérieur », donc au-delà des apparences tirées du simple constat de ce qui se passe. L'intuition ne dépend pas de la raison. Quand vous décidez, vous faites appel à vos connaissances du sujet. Vous regardez, vous écoutez vos interlocuteurs, vous appréciez les éléments de la situation, vous prenez en compte le contexte, etc. Autant de choses tangibles que vous enregistrez, que vous classez, et dont vous êtes en mesure d'évaluer le poids, la pertinence, la cohérence, etc. Votre cerveau gauche, siège du rationnel et de la logique, s'en donne à cœur joie...

Ressentir les choses

Mais la situation dans laquelle on se trouve est composée de bien d'autres éléments, et de la scène qui se joue sous nos yeux irradient d'innombrables signaux. Vous appréciez vous-même ce qui se passe selon des critères autrement plus subjectifs. De façon consciente ou non, la situation réveille votre inconscient, alerte votre mémoire, qui vous rappelle des situations anciennes, des émotions qui remontent du plus profond de votre être. Votre cerveau droit reprend l'initiative et des perceptions plus ténues viennent se superposer : vous voyez, mais vous ressentez aussi. Vous entendez, mais vous interprétez également. Vous comprenez, mais vous savez vous souvenir.

Laisser notre intuition nous guider

L'intuition jaillit brusquement, quand la logique déploie son lent et lourd appareillage. Elle surgit en allant à l'essentiel, quand la déduction imparable emprunte ses lacis interminables. Dans ce moment où la raison commande de bien peser les diverses hypothèses, nécessitant un temps ou un niveau d'information qui vous fait cruellement défaut, l'intuition vous apporte immédiatement le discernement, la clairvoyance dont vous avez besoin face à des situations complexes, des univers de décision opaques, des contraintes qui brident toute lucidité. En quelque sorte, elle vous ouvre les yeux, elle vous dit ce qui vous convient. Et elle vous le dit tout de suite.

Tenter l'expérience

Dès lors, pourquoi se priver de ce qui vous est servi sur un plateau ? Les réticences sont multiples. Peut-on envisager sans crainte de laisser sa sensibilité modifier son jugement ? Doit-on autoriser qu'une certaine sentimentalité affleure, au risque d'altérer le vernis social que nous avons tant de peine à conserver en l'état ? Ces réticences sont recevables. On peut y ajouter le pessimisme foncier ou le refoulement des émotions, chez certaines personnes.

Mais le jeu en vaut suffisamment la chandelle pour tenter l'expérience au moins de temps en temps, ne serait-ce que pour voir la différence. On objectera aussi que l'intuition n'est pas une denrée également répartie entre les individus, que ce n'est pas donné à tout le monde. Cela suppose, en effet, une certaine intériorité, et l'acceptation du fait que cette intériorité est une richesse en soi qui décuplera votre potentiel si vous acceptez de vous en servir, comme un continent qui s'ajouterait à un pays ou un fleuve qui grossirait une rivière.

Écouter son corps et son esprit

Ce qui est bon pour vous, vous êtes le seul à le savoir. Vous le savez, car vous le sentez. Cela veut dire qu'il est important d'être à l'écoute de son esprit, et aussi de son corps, dans ce genre de situation. Certaines techniques (le yoga, la pensée positive…) permettent de travailler cette écoute, de faciliter et d'améliorer cette connexion afin de s'en servir, le moment venu.

En vous laissant aller à dire ce que vous ressentez, et en laissant ainsi guider votre choix par autre chose que la logique pure et dure, vous ne vous mettez pas en danger. Vous mettez au contraire votre pensée en adéquation avec vos actes, ce qui renforce votre motivation. Ce que vous dites et ce que vous faites s'accordent avec ce que vous ressentez intimement. La franchise qui prévaut dans votre démarche de marque personnelle trouve ainsi un nouveau champ pour s'exprimer et vous entraîne vers les terrains que vous avez choisis, profondément. Intuitivement.

Votre confiance règne

Certains parieurs sur un champ de courses misent en faisant appel aux vertus d'une logique implacable (ce cheval a gagné les deux dernières courses auxquelles il a participé…), à quelques lieux communs éculés (« Jamais deux sans trois »), à une pincée de formules divinatoires (« Le vendredi 13, ça porte malheur ») et à une vague impression qui les tenaille au moment de faire poinçonner leurs billets. Autant dire que leur confiance en tel ou tel équidé se construit sur des éléments plus ou moins concrets… Au quotidien, votre confiance envers les autres se base sur des enchaînements non moins surprenants.

Savoir accorder sa confiance

C'est un sentiment étrange : votre état d'esprit du moment suscite en vous une émotion, qui vous conduit à croire la personne avec qui vous êtes en train de discuter, de travailler, d'entretenir une relation, ou bien au contraire il vous invite à vous en méfier. Dans vos échanges avec vos interlocuteurs, vous poursuivez sans arrêt la quête des preuves concrètes de cette confiance, qui vous donnent raison de l'accorder ou de la refuser.

Vous vous basez à la fois sur un raisonnement réel (à cause de ceci, je l'accorde ; à cause de cela, je la retire) et sur une impression plus subjective, quand les raisons qui vous guident sont imprécises, nébuleuses, indicibles, voire incongrues.

La confiance met en confiance

Mais qu'elle soit donnée généreusement, et la confiance devient contagieuse. Vous mettez les autres en confiance à leur tour en leur accordant la vôtre et vous les rendez plus performants, plus agiles, plus pertinents en leur montrant combien vous les trouvez dignes de la foi que vous avez en eux. Nous quittons alors, subrepticement, le règne rassurant de la raison et des sentiments pour entrer dans le monde magique des prophéties autoréalisatrices. C'est l'effet placebo : la croyance dans les vertus d'une action est telle qu'elle modifie les comportements, au point qu'elle finit par se réaliser, justifiant a posteriori la confiance initiale !

Savoir que ça va marcher

Descendons maintenant d'un cran dans la machinerie qui est à l'œuvre. Cette confiance est une sorte de prédiction, qui repose sur des expériences passées. Qui dit prédiction dit aussi incertitude : il y a une possibilité que cela ne marche pas. Cette incertitude, vous pouvez la réduire si vous disposez de tous les éléments nécessaires pour comprendre la situation. Sans excès, cependant : face aux autres, vous allez gagner à partir d'emblée avec un a priori de confiance. Cette stratégie vous fait rechercher chez vos interlocuteurs les éléments de fiabilité, de crédibilité, de solidité qui renforcent votre conviction profonde. Sans faire preuve de naïveté excessive, et en gardant un minimum de contrôle sur la situation. Et ce qui est étonnant, c'est qu'on va découvrir ces éléments, comme on aurait découvert des éléments confirmant la défiance, si on les avait recherchés... Autant préférer le cercle vertueux.

ÉTAPE 8
PASSER À L'ACTION

Votre marque personnelle a besoin de méthode pour s'affirmer. Pour la bâtir, vous partirez de votre vécu, de vos envies, de votre personnalité, afin d'établir votre propre route vers le succès. Chacune des phases présentées dans ce qui suit renvoie aux expériences énoncées précédemment.

Écrire son projet

Pour développer sa marque personnelle, il faut d'abord savoir où l'on veut aller, et inscrire son projet dans le temps (on se fixe de le réaliser dans un mois, six mois, un an, deux ans…) et dans un mouvement (partir d'ici pour aller là, donc bouger, changer…). D'abord, formalisez votre projet.

1 – Réfléchissez à ce que vous voulez faire.
Projetez-vous dans le futur, dans les mois et les deux, trois années à venir. Sans limites, sans contraintes inutiles, faites le tri dans vos envies, vos désirs.

2 – Retenez ceux qui vous plaisent, qui font sens pour vous, qui vous correspondent.

3 – Laissez mûrir quelques jours.

4 – Puis prenez le temps de visualiser votre projet.

Si vous êtes seul(e), écrivez en quelques mots clés sur une feuille, des Post-it, un paperboard… :
- qui vous êtes, comment vous vous voyez ;
- ce que vous savez faire, vos expertises clés, votre cœur de métier, votre savoir-faire ;
- ce que vous voulez faire, les directions que vous devez prendre.

Si vous faites cet exercice avec une autre personne, ou avec un groupe, ajoutez à la liste précédente :

- comment les autres vous voient ;
- qu'est-ce qu'ils mettent en avant comme étant votre savoir-faire, vos expertises… ;
- ce qu'ils vous verraient bien réaliser comme projet.

Vous avez maintenant une vision de votre projet, formalisée en mots clés. Ce sera votre guide tout au long des étapes suivantes.

Se décider à changer

Développer sa marque personnelle signifie changer ce qui existe, ce qui ne va pas, ce qui nous empêche d'avancer vers la réalisation de soi. Le changement a sa propre méthodologie. Trois situations de changement sont possibles, selon les circonstances.

1 – Vous êtes contraint de changer.
Vous n'avez pas le choix vu les circonstances, et le *statu quo* est impossible.

2 – Vous anticipez le fait que ce moment va venir, en vous décidant à bouger.
Il vaut mieux que vous vous décidiez à bouger, car la situation risque de s'aggraver.

3 – Vous pensez que le moment de changer est venu, sans pression, mais avec détermination.
On pourrait ajouter : « Vous ne savez pas trop où vous en êtes » (voir paragraphe suivant).

Dans tous les autres cas, quelles que soient les causes du changement, utilisez la même méthode.
- Écrivez la première action à mener pour aller dans le sens de votre changement, même (et surtout) la plus banale.
- Programmez cette action, mettez-la dans votre planning.
- Réalisez-la.

- Constatez et analysez le résultat.
- Écrivez la prochaine étape.

Penser à la prochaine étape est la seule façon de rester dans l'action, de ne pas s'en tenir au seul discours.

Faire son bilan personnel

Savoir où vous en êtes est très important si vous voulez dessiner votre projet. Ce travail est mené bien plus efficacement en ayant recours à un coach. Ce petit questionnaire vous permettra déjà d'avancer dans cette recherche.

1 – Qu'est-ce qui vous plaît le plus dans ce que vous faites actuellement ?

2 – Qu'est-ce qui vous plaît le moins ?

3 – Si vous pouviez changer une seule chose importante, ce serait laquelle ?

Savoir jouer

La pratique du jeu et la reconnaissance de son rôle donnent des atouts pour dégripper les situations figées. En voici une typologie indicative, mais non limitative. À pratiquer sans modération, pour ses vertus recherchées dans la mise à distance, le regard différent, le « lâcher-prise ». Et surtout quand la logique ne donne rien de bon pour construire son projet.

Le jeu futile

Sans importance, il sert à mieux appréhender les diverses dimensions d'une relation, à se donner le temps, à se situer par rapport aux autres. Les tests et les quiz en tout genre font, dans ce domaine, les beaux jours de certains réseaux sociaux.

Le jeu régressif

Pour lâcher prise, s'aérer l'esprit, changer de registre, aller au-delà de ses limites sociales. Démarrer une rencontre en demandant aux participants de se classer en ligne, selon un ordre allant des yeux plus clairs aux yeux plus foncés. Jouer aux Lego. Créer un groupe de copains et de relations à l'intitulé humoristique...

Le jeu de rôle

Pour se mettre dans la peau de quelqu'un, pour évaluer une situation jamais vécue, pour mettre en pratique une idée, une façon de faire, une méthode, avant de passer à la réalité. Ou bien pour détecter ce qui cloche dans un contexte donné. Jouer une situation de vente, mimer un conflit avec un client ou un collègue, inverser les masques (le manager devient l'opérationnel et vice versa), pousser le bouchon le plus loin possible.

Le jeu physique

Avec notre corps. Se toucher, se dépasser (seul ou en groupe), évoluer dans d'autres dimensions de l'espace (par exemple avec de l'escalade, des jeux d'équilibre, etc.), utiliser tout son schéma corporel, tester son agilité, éprouver des sensations inédites…

Échanger sur son projet

Votre projet est formalisé. Vous êtes maintenant capable de dire ce que vous voulez, ce que vous désirez par-dessus tout, ce qui va maintenant vous motiver. Garder ça pour vous n'a aucun intérêt. Si les choses doivent changer, c'est par les mots qu'elles seront mises en mouvement.

Présenter son projet en quelques mots, quelques phrases

Ce que vous voulez faire demain, dans six mois, dans deux ans… En parlant de son projet, on apprend à communiquer, à « pitcher », à intéresser son auditoire. Emporter l'adhésion se fera avec de l'entraînement.

Parler avec les autres renforce votre motivation

Échangez sur votre projet avec les autres, des experts, des relations, voire des inconnus (qui sont souvent de bon conseil, car il n'y a pas avec eux d'affectif…). Il ne s'agit pas de savoir ce qu'ils en pensent : ils vous le diront forcément. Mais vous appréhenderez ainsi mieux l'étendue de vos convictions et de vos motivations. Un projet, surtout le vôtre, ne vit pas seul, en vase clos, sans l'apport des autres. Il se nourrit, s'enrichit à leur contact, se consolide. Utilisez ces échanges pour décider vous-même de la voie à suivre : ne laissez pas les autres vous détourner de votre objectif, ni décider pour vous. Écoutez, et décidez ensuite seul(e).

Parler avec les autres permet de prendre du recul

En échangeant avec les autres, vous aurez une vision plus large, afin de saisir concrètement comment les choses peuvent évoluer. Vous vous dégagerez aussi du présent, qui a tendance à vous engluer. Pour appréhender votre projet, vous devez le voir en grand, prendre de la hauteur, prévoir le(s) scénario(s) pour y arriver… Appuyez-vous pour cela sur l'effet miroir de la conversation.

Parler avec les autres permet de partager ses passions

Votre projet ne se fera pas sans passion. Sans passion, peu de belles et grandes choses peuvent être faites. Vous serez motivé si vous vivez de vos passions ou pour vos passions, moteur de votre projet. Il faut les faire partager, dire pourquoi elles vous animent.

Soigner ses présentations

Vous allez maintenant recenser les outils dont vous avez besoin pour communiquer sur votre projet et pour avancer ainsi vers sa réalisation.

Bio

Afin de résumer votre parcours et de l'avoir bien en tête, écrivez votre biographie : une ou deux pages résumant votre vie professionnelle, vos principales réalisations, vos fiertés, vos réussites, vos échecs, vos impressions sur chaque étape. Vous pouvez aussi aborder des aspects plus personnels, si cela vous semble utile.

Profil

À la lumière des étapes précédentes, retravaillez vos CV papier ou vos profils Internet (réseaux sociaux). Parlez aussi bien de ce que vous êtes que de ce que vous voulez être ou faire. Plutôt que de réaliser un profil pour chaque situation, écrivez une base qui servira en toute circonstance.

Blog

Il vous faut un point de publication autonome. Même une seule page suffit. Il existe des plates-formes de blogs payantes (TypePad, par exemple) ou gratuites (WordPress, OverBlog, etc.), plus ou moins pratiques. Vous n'avez que l'embarras du choix selon votre profil et votre niveau d'appropriation de la technique. Vous pouvez même créer un blog pour tester, puis un autre pour passer à l'action.

Réseaux sociaux

Il existe beaucoup de communautés virtuelles qui permettent de référencer votre profil dans les moteurs de recherche sur Internet. Choisissez-les en fonction de leurs capacités dans ce domaine : LinkedIn, Viadeo, Naymz, par exemple, sont très efficaces. Attention, Facebook ne référence pas directement : vous devez faire partie de ce réseau et, dans la plupart des cas, vous devez avoir la personne recherchée dans vos amis pour pouvoir accéder à sa fiche.

Liens

Les liens entre vos différentes présentations sur Internet (blog, profil sur réseaux sociaux, etc.) sont essentiels. Ils permettent de ne pas tout accumuler au même endroit, de traiter des aspects différents, de renvoyer vers d'autres sources documentaires. Et les liens sont une des clés de votre référencement : plus vous aurez de liens pointant vers votre blog, plus vous progresserez dans le classement des moteurs de recherche sur votre univers professionnel. Dans ce but, n'hésitez pas à échanger des liens avec d'autres personnes de votre entourage professionnel de référence.

Se montrer !

Faire bonne impression, c'est facile et ça change tout. Sans rien renier de ce que vous êtes, vous travaillez votre image, votre expression, vos gestes, vos mots, la manière d'entrer en relation…

Une belle photo

Faites-vous faire une bonne photo de vous, en ayant recours à un professionnel : le résultat sera nettement meilleur. Attention, ce résultat ne doit pas être en décalage avec la réalité. Une bonne photo dure sans problème deux ou trois ans, voire plus. La vidéo est aussi un support très efficace… quand elle est réalisée de façon professionnelle, également.

Des choix

N'hésitez pas à afficher votre positionnement, n'avancez pas masqué(e). Revendiquez ce que vous avez fait et ce que vous allez faire. Vous construirez ainsi votre singularité.

Une présentation en deux mots

C'est une image : pouvoir se présenter en une seule phrase, voire en un ou deux mots, c'est un atout maître. C'est aussi le résultat d'un vrai travail (voir « Écrire son projet », p. 158). Mais c'est la clé pour bien négocier les opportunités de mise en relation qui vont se présenter.

De l'actualité

Pensez à publier, à donner votre actualité, à bouger, à vous faire remarquer dans vos réseaux. Communiquer sur soi ne peut se faire sans qu'on s'y emploie un minimum.

Un territoire

Inutile d'aller sur des terrains qui ne vous ressemblent pas, de forcer votre nature outre mesure. Vous serez plus facilement identifiable si vous évoluez dans un domaine qui vous ressemble.

Choisir ses réseaux

Les réseaux permettent de démultiplier votre présence, d'augmenter votre notoriété, d'entrer en contact avec plus de personnes si le besoin s'en fait sentir, de développer vos projets, de vous confronter avec vos pairs. Il faut une pratique et un peu de temps pour que les résultats soient au rendez-vous. Le miracle viendra du travail réalisé. Les réseaux sont une chance de rencontrer des gens nouveaux, dont certains feront d'excellentes relations. En voici quatre de base, pour qui veut commencer à déployer sa marque personnelle. Choisissez en fonction de vos besoins, de vos objectifs et de l'efficacité du réseau par rapport à votre cible.

Facebook

Personnel et professionnel, sa grande force. Incontestablement la star des réseaux encore pour quelque temps, avec ses 500 millions d'utilisateurs. Des tas d'applications, une force de diffusion incroyable, toujours en quête d'innovations : chargement ultrarapide des albums photos, chat, forums de discussion (Facebook Questions), intégration facile des vidéos, intégration des blogs, des applications par milliers… Simplicité d'entrée en relation, ergonomie, tout pousse à utiliser ce réseau quand on veut promouvoir sa marque personnelle. Les seules réserves : la gestion de la confidentialité et de l'utilisation de vos données, qui reste un mystère. Et le fait que le référencement puissant qu'offre ce réseau ne vous donne pas un accès direct aux profils pour autant : il faut être amis avec vous ou avec les personnes que vous recherchez…

Atouts marque personnelle : notoriété, diffusion d'informations, viralité.

Twitter

Toujours en progression (il se fixe le milliard d'utilisateurs comme objectif pour 2013), très loin encore derrière Facebook, Twitter possède d'indéniables qualités, dont la principale est d'être ultrasimple. Cette plate-forme de microblogging permet de poster des messages de 140 caractères, pas un de plus. La construction d'un réseau de connexions est indispensable : des gens que vous suivez (*following*, ou abonnements), des gens qui vous suivent (*followers*, ou abonnés). Vous pouvez suivre quelqu'un sans qu'il vous suive. On peut classer ses connexions en listes (métier, affinités, proximité, thématiques, etc.). Ensuite, on poste des messages courts, on répond aux messages postés, on les fait suivre (retweet, ou RT). On peut également envoyer des messages directs confidentiels à ses correspondants (s'ils l'autorisent). Le moteur de recherche permet d'avoir l'ensemble des messages postés sur un sujet, sorte de veille immédiate très efficace pour les marques ou les sujets d'actualité.

Il est possible d'archiver ces recherches et de revenir régulièrement consulter les nouveaux résultats. Sa grande force est son instantanéité. Attention : on va rarement sur Twitter ; des applications (clients) existent en nombre pour lire, poster ou suivre l'activité sur Twitter sans y accéder : TweetDeck, Hoot Suite, Echofon….

Atouts marque personnelle : diffusion d'informations, viralité, innovation, nouveaux contacts.

LinkedIn

Ergonomique, c'est un réseau réunissant des professionnels (100 millions de membres revendiqués). Vous ne pouvez a priori entrer en contact qu'avec des gens que vous connaissez. Mais vous pouvez être introduit par une connexion commune, ou utiliser les groupes professionnels qui foisonnent. Multilingue, donc très utile en cas d'activités internationales, il permet les échanges et les discussions entre professionnels, la création et le management de groupe, l'intégration de la plupart des plates-formes de blogs, l'utilisation de présentations PowerPoint (via SlideShare), etc. Son annuaire de recherche est extrêmement puissant et permet des ciblages très utiles. Disponible sur téléphone mobile, sa puissance de référencement est très efficace pour le marketing personnel.

Atouts marque personnelle : développement de réseau, business, international, entrée en contact avec des pairs.

Viadeo

Un réseau social français lancé en 2004 et qui a dépassé le cap des 35 millions d'utilisateurs en mai 2011. Il s'adresse aux professionnels et leur offre la gestion facile d'un réseau pour développer son business avec d'autres professionnels, pour rechercher des clients, des partenaires ou des fournisseurs, gérer sa carrière (Viadeo est partenaire de l'Apec depuis 2009). Il offre la possibilité de créer des groupes (hubs) comme espaces de discussion, des communautés privatives pour des partenaires, et il permet de poser des questions aux membres du réseau (grâce à Yahoo Answers). Très adapté au marché français, il souffre d'une internationalisation incomplète, se lançant pour cela dans une politique d'acquisition en Asie, en Espagne et en Inde. Attention, à la différence d'un réseau comme LinkedIn, beaucoup de fonctionnalités de base (par exemple lire les profils des autres membres du réseau sans être en relation avec eux) sont payantes.

Atouts marque personnelle : développement de réseau, business, entrée en contact avec des pairs.

Créer un événement

Attachez-vous à créer des événements réels (fêtes, vœux, anniversaires, thèmes particuliers, etc.) ou virtuels (sur les réseaux sociaux) pour faire parler de vous et de votre activité, vous faire connaître, pour rencontrer beaucoup de personnes en une seule occasion et un seul endroit. Vous mettrez ainsi, de temps en temps, toutes vos forces sur une seule opportunité, plutôt que de gérer plusieurs contacts au fil de l'eau tout au long des semaines.

Vous pouvez aussi utiliser les événements auxquels vous êtes convié pour maintenir et entretenir des liens forts ou faibles avec des personnes susceptibles de contribuer à la réussite de vos projets.

Être à l'aise avec les rituels

La vie personnelle ou professionnelle ménage des espaces de rencontres où le rituel est roi. Petit déjeuner, déjeuner, dîner… Rien de plus simple que de comprendre à quoi ils servent et comment ils fonctionnent, pour y participer tout à son aise et en tirer le meilleur profit.

Petit déjeuner

C'est un rendez-vous ciblé, où l'on décide d'une action concrète. Réservez ce créneau aux gens très pressés, aux premières entrées en relation. Faites rapidement connaissance ou revoyez une relation sur un point précis. Et traitez un point particulier, une première étape. C'est aussi une bonne occasion pour rencontrer plusieurs personnes en même temps.

Déjeuner

Ce rendez-vous incontournable est un art, que vous invitiez une relation dans une chaîne de restauration rapide ou dans un grand restaurant. Il faut tirer parti de ce moment privilégié. L'objet du déjeuner étant clairement défini, laissez la relation s'installer, écoutez votre convive, parlez d'un projet, d'une idée. Se mettre d'accord sur un mode de travail et fixer une prochaine étape de travail. Profitez-en pour mieux faire connaissance avec votre contact. Et tenez-vous au courant de l'actualité du domaine où il exerce. C'est un moment propice au développement de votre marque personnelle, grâce à l'établissement d'un relationnel de qualité : autant l'exercer dans ce registre.

Dîner

Plus intimes, plus conviviaux, plus détendus, les dîners permettent de finaliser, de remercier, de partager un vécu plus personnel. Les affaires ne sont jamais loin. Mais vous les aurez traitées avant de venir. Vous glanerez quelques informations plus intimes qui renforceront la relation.

Se suivre sur Internet

Tapez vos « prénom nom » entre guillemets dans un moteur de recherche. Regardez les résultats. Cela vous ressemble-t-il ? Cela correspond-il à votre marque personnelle ? Gardez des copies d'écran des résultats de recherche.

Corriger les écarts

- Créez un blog, s'il n'existe pas, pour publier des informations, vous approprier un domaine et vous référencer.
- Inscrivez-vous sur des réseaux sociaux (Viadeo, LinkedIn, etc.) ou actualisez vos profils, ajoutez des liens, des fils RSS pour mettre à jour directement certaines rubriques.
- Publiez des articles sur vos sujets de prédilection.
- Inscrivez-vous dans des bases de données de professionnels (anciens élèves, prestataires, etc.).
- Créez des liens avec les profils ou les blogs de vos amis et relations.
- Donnez de l'actualité : nouveaux articles, statuts, messages Twitter…

Au bout d'une semaine à un mois, relancer la même recherche

Observez les résultats. Comparez avec les copies d'écran de la précédente recherche. Regardez comment les choses ont évolué. Le résultat est étonnant ! Recommencez l'opération régulièrement.

Confiance et intuition

La raison, c'est une chose, mais l'intuition en est une autre. Écouter sa voix intérieure donne de la clairvoyance là où la raison trouve ses limites. Vous sentez des choses que les réalités tangibles vous masquent.

Dans quels cas auriez-vous dû faire confiance à votre intuition ?
– …
– …
– …

Notez quelques situations actuelles ou futures où vous pourrez permettre de laisser parler votre intuition :
– …
– …
– …

Avoir confiance en soi et faire confiance aux autres sans excès de méfiance ni de naïveté, c'est un très bon moyen pour réussir ce qu'on entreprend. Cela peut même faire des miracles. Choisissez un projet test où vous allez davantage vous faire confiance et faire confiance aux autres. Si les résultats sont bons, vous étendrez votre méthode à d'autres projets.

Planifier ses actions

Il faut de la méthode pour réussir des choses qui sortent de l'ordinaire : savoir ce qu'on veut, comment on va faire, etc., ne nuit jamais, bien au contraire. Fixez-vous des objectifs et prévoyez les actions en accord avec ces objectifs, en phase avec votre état d'esprit.

Faites une *to do list* avec, par projet, les rubriques suivantes, reportées dans un tableau à colonnes :
- objectifs à atteindre ;
- actions ;
- état des actions (à faire, en cours, faite) ;
- résultat ;
- étape suivante.

De temps à autre, selon le planning que vous vous êtes fixé, faites le point pour savoir où vous en êtes dans votre plan de marche :
- ce qui avance ;
- ce qui n'avance pas ;
- résultats globaux obtenus ;
- raisons de la réussite ;
- explication des échecs, des retards ;
- moyens pour pallier ces échecs ou ces retards ;
- actions correctrices pour parvenir quand même au résultat.

Le délicieux frisson de l'action

Puis vient le moment de passer des mots aux actes... De construire résolument sa marque personnelle. Et de connaître ce délicieux frisson de l'action qui saisit ceux qui ont une idée et qui la mettent en œuvre. Il ne reste plus qu'un obstacle : vous. À ce stade, vous pouvez avoir deux attitudes différentes : passer à l'action... ou hésiter encore.

Vous êtes décidé à passer à l'action

Avancez alors, en suivant les étapes dans l'ordre découlant de votre équation personnelle et de la maturité de votre projet.

Les dix commandements de votre marque personnelle :
1 – Mon projet, j'écrirai.
2 – Me réaliser, je déciderai.
3 – Mes envies, j'exprimerai.
4 – Mon profil, je décrirai.
5 – Mon image, je soignerai.
6 – Mon réseau, je développerai.
7 – Le virtuel, j'apprivoiserai.
8 – Avec méthode, j'avancerai.
9 – Mon jardin, je cultiverai.
10 – Du plaisir, je prendrai.

Vous n'arrivez pas à vous lancer

Il suffirait de faire ça, c'est évident… mais vous n'arrivez pas à vous y mettre. C'est donc que vous n'êtes pas prêt(e). Là où la logique et le rationnel montrent leurs limites, vos capacités émotionnelles, intuitives et créatives, et l'écoute des autres, vont vous fournir une aide précieuse. Plusieurs moyens existent pour lever ces obstacles…

Prendre du recul

Profiter de ses vacances, d'un changement de lieu pendant quelque temps. L'objectif est de se couper du stress de l'action, de la dictature du quotidien. Pendant cette période, vous réfléchissez sans vous fixer de règles. Laissez les idées venir, pensez à vos limites, à vos atouts, sans chercher forcément la solution. En revenant de congé ou d'un séjour, vous y verrez plus clair. Et vous saurez quoi faire.

Exercer une activité qui change les idées

Sport, peinture, bricolage, lecture, marche, thalasso, musique… Un excellent dérivatif pour penser à soi et se recentrer sur l'essentiel. En pensant (un peu) à votre projet pendant que vous exercez cette activité relaxante, plaisante ou simplement distrayante, vous êtes en mesure de clarifier les choses qui vous posent problème, de voir ce qui est important, de découvrir ce qui ne se voit pas au premier coup d'œil… Et de revenir à des choses plus concrètes ou de prendre la ou les décisions qui s'imposent. Tel Sherlock Holmes jouant du violon quand ses enquêtes butaient sur un obstacle insurmontable où sa logique prodigieuse et son pouvoir de déduction hors du commun n'étaient d'aucun secours, faites fonctionner votre cerveau droit.

Parler à un tiers

Il est de fait que l'échange avec une personne qui n'est pas concernée par cette question ou cet enjeu (donc a fortiori ni un proche, ni un collègue ou un partenaire) est très efficace pour trouver rapidement des solutions afin de débloquer la situation. Cela ne concerne pas que la marque personnelle, d'ailleurs. De la même façon, la discussion avec un coach, sachant faire preuve de suffisamment de discernement et d'empathie, est idéale pour éclairer la question, poser les vrais problèmes, voire lever des blocages beaucoup plus profonds.

Dans un cas comme dans l'autre, c'est encore un chemin personnel que vous allez emprunter. Il ne reste donc plus qu'à vous souhaiter… bonne route !

DES MARQUES PERSONNELLES CÉLÈBRES

Sophie Calle

Ne pas hésiter à se mettre en scène

Elle a décidé un jour de suivre des gens dans la rue. Pour Sophie Calle, « la ligne de partage entre l'art et la vie doit être conservée aussi fine, aussi indécelable que possible ». Son premier travail d'artiste, en 1979, est une installation intitulée *Les Dormeurs*. Elle invite des gens rencontrés au hasard à dormir dans son lit de façon à ce qu'il soit occupé vingt-quatre heures sur vingt-quatre. Elle prend des photos toutes les heures et note ses impressions. Le mari d'une des dormeuses, un critique d'art, vient observer le résultat. « Et c'est ainsi que je suis devenue artiste », se rappelle Sophie Calle.

Avec *Autoportrait*, elle se fait prendre en filature par un détective de l'agence Duluc, lui demandant un compte-rendu précis de son emploi du temps, photos à l'appui. En 1984, invitée par le ministère des Affaires étrangères du Japon, elle décide de se rendre dans ce pays qu'elle n'aime pas le plus lentement possible. Au 92e jour de son voyage, son ami l'appelle dans sa chambre d'hôtel à New Delhi pour lui annoncer leur séparation. Souffrant de cette situation, elle décide d'interroger ses amis et relations sur cet épisode, puis expose, dans *Rupture J-92*, sa correspondance, les textes recueillis, ses photographies… Reconstituant jusqu'à sa chambre d'hôtel indienne, elle fait le récit de sa guérison amoureuse et du chagrin qui s'évanouit. Sans céder à l'impudeur, Sophie Calle magnifie les « ambiances momentanées » de la vie quotidienne, les histoires qu'elle a vécues. Travailler sa marque personnelle, c'est s'inspirer de sa démarche pour apprendre à se raconter.

Napoléon

Faire parler de soi

Capitaine à vingt et un ans, général à vingt-quatre ans, Premier consul à trente ans, empereur à trente-cinq ans... La trajectoire météorique de Napoléon Bonaparte doit autant à ses qualités et à son ambition démesurée qu'à son souci de communiquer toujours et partout sur son action. Sa marque personnelle est élaborée par touches précises, avec une attention particulière à sa médiatisation. Ainsi, la campagne d'Italie lui vaut autant de gloire par ses victoires que par les récits qu'il diffuse sous son contrôle à Paris, grâce au *Courrier de l'armée d'Italie*. L'expédition d'Égypte ne fait pas exception à la règle : les pyramides, Suez, la Syrie, les découvertes scientifiques font oublier la déroute d'Aboukir ou l'échec devant Saint-Jean-d'Acre, grâce au *Courrier d'Égypte*, aux récits des témoins et aux peintures héroïques.

Lui qui n'a jamais approché un pestiféré se voit représenté en guérisseur des écrouelles par le peintre Gros (*Bonaparte visitant les pestiférés de Jaffa*). Les pyramides sont absentes du paysage de la bataille des Mamelouks. Mais des libelles claironnent pourtant qu'il aurait déclamé le fameux « quarante siècles vous contemplent » à l'issue du combat. Pendant dix ans, il réforme profondément la France, conquiert une grande partie de l'Europe continentale et soumet la

Prusse et l'Autriche à son influence. Il laisse un pays exsangue, ruiné, occupé, aux frontières rétrécies. Les Français ne regrettent pas son exil. Mais à Sainte-Hélène, dictant ses *Mémoires* à Las Cases, il forge à jamais sa légende dorée… Le savoir-faire ne vaut rien sans le faire-savoir.

Cesaria Evora

Savoir attendre

On n'impose pas toujours sa marque comme ça, en claquant des doigts. Il faut souvent du temps, du courage, de l'obstination. Cesaria Evora en est l'exemple type. Son père, violoniste, décède quand elle a six ans. Sa mère, cuisinière à São Vicente, la place dans un orphelinat, où elle apprend à chanter dans le chœur. À seize ans, elle s'initie au style des *mornas*, chansons nostalgiques du Cap-Vert. Cesaria Evora devient vite très populaire dans son pays. Pourtant sa notoriété ne lui rapporte rien. Elle cesse de chanter pendant dix ans, noyant ses désillusions et ses difficultés dans l'alcoolisme. Heureusement, la chance s'en mêle pour transformer sa vie en destin. Un exilé capverdien, Bana, se souvient d'elle et lui organise une série de concerts au Portugal. Elle est remarquée à cette occasion par un Français, qui la persuade de venir à Paris enregistrer un disque. À quarante-sept ans, elle signe son premier succès international avec l'album *La Diva aux pieds nus*, en 1988.

Marion Cotillard

Prendre des risques

Si le chemin pour réussir paraît trop aisé, n'hésitez pas à le quitter. L'exemple de Marion Cotillard est édifiant à cet égard. Née dans une famille où tout le monde est artiste, elle aurait pu se laisser vivre. Elle débute au cinéma sous la caméra d'Arnaud Desplechin et de Coline Serreau… À vingt-trois ans, elle saute dans le premier *Taxi*. Mais pour imprimer sa marque, il faut savoir montrer ce qu'on veut, et surtout ce qu'on ne veut pas. Au troisième *Taxi*, elle plaque Besson qui la cantonne aux rôles de poupée. Prendre un tournant au bon moment se révèle payant. Repérée par Tim Burton qui vient personnellement caster des jeunes Françaises à Paris, elle incarne une jeune maman dans *Big Fish*. Le public anglo-saxon la découvre. Il lui faut encore parfaire son expérience, dévoiler la subtilité de son jeu et la palette de son talent. Avec *Un long dimanche de fiançailles* de Jean-Pierre Jeunet, elle décroche son premier césar (second rôle). Mais elle ne s'en contente pas : elle prend des risques avec un rôle difficile dans *Les Jolies Choses*, d'après le roman de la sulfureuse Virginie Despentes. Elle y gagne de bonnes critiques et la reconnaissance des cinéphiles. À trente-deux ans, *La Môme* lui apporte la consécration internationale. Une belle récompense pour qui sait imposer sa marque sans jamais céder à la facilité.

Le Facteur Cheval

Croire en son idée

Votre marque personnelle repose sur une idée folle ? Tant mieux, elle n'en sera que plus originale, car elle marquera les esprits. Le Facteur Cheval a laissé un témoignage étonnant d'une passion à nulle autre pareille. Né en 1836, Joseph Cheval devient facteur aux postes en 1867. Affecté à Hauterives, il est chargé d'une tournée quotidienne pédestre de trente-trois kilomètres. Des rêveries féeriques occupent son esprit pendant ses longues marches solitaires. C'est le hasard qui va révéler sa passion cachée. Un jour d'avril 1879, il bute sur une pierre aux formes étranges. C'est le déclic : il va amasser des petits cailloux pendant ses tournées et bâtir chez lui en trente-trois ans son « Palais idéal », dans son jardin potager.

Les gens du village le prennent pour un doux dingue, puis s'inclinent devant le résultat qui frappe l'imagination. Picasso, Breton et les surréalistes s'enthousiasment pour lui. Il construit son caveau au cœur du Palais. On lui refuse l'inhumation à cet endroit. Qu'à cela ne tienne, il s'attelle alors à son « Tombeau du silence et du repos sans fin », au cimetière du village. Il y sera enterré, deux ans après l'avoir achevé. Gravée dans la pierre, le ciment et la sueur, la marque personnelle du Facteur Cheval rencontre l'éternité.

Frédéric Beigbeder

Changer avec éclat

Entré chez CLM/BBDO en 1994 grâce à son premier roman écrit à vingt-quatre ans – *Mémoires d'un jeune homme dérangé*, qui avait plu au patron de cette agence (Philippe Michel) –, Frédéric Beigbeder est licencié en 2000 par son employeur, l'agence Young & Rubicam, laquelle a peu goûté la lecture de son dernier roman, *99 francs*. Cette satire, dont le titre correspond au prix de l'ouvrage sous la forme d'une fausse promotion, dénonce en effet le cynisme des publicitaires, les désillusions des créatifs, le conformisme des clients, sur fond de paradis artificiels et de fêtes ininterrompues… Beigbeder assoit ainsi son personnage de dandy mondain, bourré de contradictions, adepte de l'autodérision.

Son livre, bien qu'un peu confus, et le scandale qui a suivi ont beaucoup fait pour la notoriété de son auteur, qui inaugure ainsi avec brio un nouveau chapitre de sa vie professionnelle. Chroniqueur littéraire, écrivain et éditeur chez Flammarion, sa critique de la publicité ne l'a pas empêché de laisser Jean-Paul Goude utiliser son image dans une campagne d'affichage vantant les Galeries Lafayette. Ayant créé sa marque personnelle avec éclat, il sait intelligemment l'utiliser. Avec plus ou moins de bonheur, mais c'est un autre débat…

Choisir sa route

Construire sa marque personnelle, c'est faire un voyage. On quitte une identité imprécise, incomplète, voire bridée ou contrainte, pour mettre le cap sur un nouveau moi là-bas, plus grand, plus beau, plus lointain, mais aussi plus vrai, plus franc, plus ouvert. L'horizon de ses projets, de ses desseins, de ses aspirations, de ses envies, que les autres vont découvrir, connaître, apprécier. Avec un chemin à emprunter pour l'atteindre à coup sûr.

Là-bas. Entre ailleurs et inconnu, l'imaginaire au bout du voyage. Partir, pour satisfaire une attente ancrée au fond de soi : la cité de ses désirs, le peuple de ses songes, le grand projet de ses rêves. Ramasser son sac et prendre la route, rouler, voguer, voler vers son but, tracer son propre chemin, l'œil rivé sur la boussole de son désir.

Décider, vouloir intensément, ne pas faiblir. Chaque action comme étape, chaque acte porteur du sens total. Choisir sa route demeure le meilleur moment du voyage. La joie exaltée de savoir où l'on va ajoutée au plaisir d'imaginer comment on s'y rendra. De quoi sera-t-elle faite, cette route ? Sera-t-elle plaisante ? Directe ? Faite de rencontres ? Qu'importe, ce sera ma route à moi, la mienne, pour rejoindre mon but à moi et bâtir de mes propres mains ma marque à moi.

Thierry do Espirito est le spécialiste du marketing personnel et de la communication de changement. Consultant, conférencier, enseignant, auteur, il a publié le livre *La communication de changement*, aux éditions du CFPJ. Il est le créateur et l'animateur du blog « L'Atelier Ted et Eux ».

Fondateur et dirigeant de TdE Consultants, il réalise des missions de conseil pour des grands comptes de l'industrie et des services, et pour des managers, cadres et indépendants.

Passionné d'histoire, il met les faits historiques au service de l'analyse et de la compréhension de la réalité d'aujourd'hui.

Suivre Thierry do Espirito sur Twitter : Doespirito

TABLE DES MATIÈRES

Pour recevoir notre catalogue, merci de bien vouloir photocopier, recopier ou découper ce formulaire et nous le retourner complété à :

Éditions Leduc.s
17 rue du Regard
75006 Paris

Vous pouvez aussi répondre au formulaire disponible sur Internet :

www.leduc-s.com

NOM : ....

PRÉNOM : ....

ADRESSE : ....

....

CODE POSTAL : ....

VILLE : ....

PAYS : ....

ADRESSE@MAIL : ....

ÂGE : ....

PROFESSION : ....

Titre de l'ouvrage dans lequel est insérée cette page :

Développez votre marque personnelle

Lieu d'achat : ....

Avez-vous une suggestion à nous faire ?

....

....

....

À .... LE ....

Conformément à la loi Informatique et Libertés du 6 janvier 1978, vous disposez d'un droit d'accès et de rectification aux données personnelles vous concernant.

Achevé d'imprimer par
ÉDIPRO GROUPE
Dépôt légal : juin 2011